Mieux rédiger
ses écrits professionnels

Éditions Eyrolles
61, bd Saint-Germain
75240 Paris Cedex 05
www.editions-eyrolles.com

Au lion chenu

© Groupe Eyrolles, 2001, 2004, 2008
© Éditions Eyrolles, 2019 pour la présente édition
ISBN : 978-2-212-57142-4

Mireille BRAHIC

Mieux rédiger ses écrits professionnels

Nouvelle édition augmentée

TABLE DES MATIÈRES

INTRODUCTION

Ce livre est le résultat de trente ans de carrière dans l'analyse de la fonction « gestion des ressources humaines ». C'est un domaine aussi mouvant que peut l'être l'humain et qui demande une constante adaptation. Néanmoins, quelques règles de fond peuvent être dégagées, qu'il faut à chaque fois imprégner du parfum d'une époque, pénétrer de l'ambiance d'un lieu et animer de l'esprit d'une population ainsi que de l'intelligence de chacun des individus qui la composent. C'est également un vaste domaine à plusieurs facettes intimement liées malgré les apparences. La communication écrite est l'une de ces facettes. Elle ne se réduit pas à une « tâche d'écriture ».

En l'occurrence, nous aborderons le pourquoi du formalisme de la communication écrite professionnelle, souvent si méconnu que cette tâche passe pour une tracasserie inutile mais obligatoire. Démontrer ainsi qu'il y a des raisons fondamentales à certaines contraintes de l'écrit est indispensable pour aborder le comment s'y prendre pour construire, puis pour écrire tel ou tel type de document.

En effet, dans l'imaginaire populaire, la rédaction professionnelle consiste trop souvent à caser quelques tournures inévitables dans le carcan d'une présentation trop stricte en se servant du français appris à l'école.

Cependant, quand on accède à la vie active, on s'aperçoit que l'écriture fait corps avec le quotidien, qu'elle est indispensable à la réalisation du travail quand bien même on a choisi une voie qui n'y accordait pas grande importance. On s'aperçoit aussi que la rédaction professionnelle est autre chose que l'application du français appris à l'école à laquelle s'ajoutent la connaissance de quelques tournures et la maîtrise de la dimension des marges d'une feuille. Se révèle alors le besoin d'un savoir-faire, d'une méthode d'exploitation des écrits et d'une technique d'expression écrite adaptée à la culture de l'entreprise ou de l'administration à laquelle on appartient.

C'est ce que ce livre se targue d'apporter.

Chacune de ses parties traite d'un savoir, d'un savoir-faire ou d'un savoir-être sous forme de fiches pratiques. Chaque lecteur peut en priorité s'intéresser à la question qui le préoccupe le plus, puis compléter son information de fiche en fiche, au gré des nouvelles interrogations qu'engendre son entendement.

Une partie est réservée à des exercices d'applications des méthodes abordées suivis d'une proposition de corrigés.

Enfin, chaque mot suivi d'un astérisque est défini dans le lexique qui conclut cet ouvrage.

L'écrit professionnel n'est pas fait pour remplir les archives et embêter le rédacteur.

Partie I

MAÎTRISER LA LOGIQUE DES ÉCRITS PROFESSIONNELS

CERNER LE RÔLE DE L'ÉCRIT DANS NOTRE SOCIÉTÉ

Pourquoi écrire encore de nos jours ? On pourrait en effet se le demander puisque, jusqu'à il y a peu, le progrès nous avait fait passer de l'envoi postal à l'échange téléphonique. Un échange verbal est effectivement bien pratique : il est rapide et n'exige aucun effort d'orthographe. Cependant, il est volatil.

Prendre conscience que les paroles s'envolent

Un échange verbal, direct ou téléphonique, laisse prise à l'oubli et/ou à l'interprétation. Se souvient-on entièrement ? Se souvient-on exactement ? Et même se souvient-on tout court de toutes nos conversations ?

Se souvient-on des décisions prises quand on ne les a pas notées ? Se souvient-on des promesses faites oralement et sans témoin ?

C'est pour pallier* ce défaut de notre mémoire ou parfois notre mauvaise volonté (voire de notre roublardise) qu'on utilise l'écrit. On rend compte de décisions prises en réunion ; on écrit une lettre pour confirmer un accord ; on rapporte des événements qui nécessitent une action ; on résume une information importante ; on synthétise un dossier volumineux, etc.

Il faut souvent produire la preuve que l'information a été transmise.

Reconnaître l'importance de l'écrit dans les échanges modernes

L'envoi postal s'est bel et bien fait détrôner par l'envoi électronique, mais cela n'a pas empêché la pérennité de l'écrit. Le courriel n'est qu'un moyen de transmission de l'information ; on lui confie des écrits de toutes sortes.

Ce n'est pas parce qu'un écrit est transmis par voie électronique qu'il prend une forme particulière. Un message reste un message : bref, en style télégraphique, sans trop de protocole ; mais une lettre de candidature, par exemple, garde une forme destinée à donner la meilleure opinion possible du candidat.

Que l'on ait recours à des abréviations SMS, comme on a depuis toujours recours au style télégraphique, ne change rien au respect de la grammaire, de l'orthographe et du protocole quand ce qu'on envoie par courriel est une lettre.

> On peut même dire que la correspondance électronique a accru l'usage de l'écrit.

Ne jamais perdre de vue que l'écrit laisse une trace

Il est entendu que l'écrit apporte la preuve qu'une chose a été dite. En cela, il a son utilité immédiate : il informe, il ordonne, il prévient, il demande, il récapitule… Mais on n'est pas toujours conscient qu'il demeure.

Un écrit rédigé ce jour va servir à son destinataire demain, mais il pourra aussi, dans un avenir plus ou moins lointain, être produit pour apporter la preuve qu'une promesse a été engagée, qu'une sanction a été prise, qu'une menace a été proclamée, qu'une permission a été accordée ou refusée, etc.

Même si on le rédige dans une situation anodine au présent, tout écrit daté et signé vaut preuve en justice. Le nombre d'originaux produits doit être, le cas échéant, précisé «en double [triple] exemplaire». Une lettre de commande vaut contrat, tout comme une lettre de promesse de vente. Si votre vendeur n'a pas émis de document confirmant ses engagements, vous avez tout intérêt à en rédiger un et à le lui envoyer en recommandé. Sans rectification écrite de sa part, votre lettre vaudra preuve et il lui appartiendra de prouver sa version. C'est pour cela qu'une réunion donne lieu à un compte rendu et il devrait en être de même pour un entretien individuel.

Certains pourraient en conclure qu'il suffirait de ne jamais rien écrire pour ne pas avoir d'ennuis. Il n'en est rien, car l'absence de prise de position peut tout aussi bien nuire.

D'autres pourraient s'imaginer qu'en en disant le moins possible, ils parent habilement le danger. C'est un mauvais calcul, car les manques pourraient être comblés par des suppositions désavantageuses.

La seule position possible est d'être complet sans déborder. Cette valeur de preuve impose un style particulier aux écrits professionnels *(voir la partie IV)*.

> Un écrit peut être exhumé n'importe quand par n'importe qui, soyez concis mais précis, conséquent*[1] et courtois.

Ne jamais oublier que votre signature* vous engage

La signature est la mention du nom du responsable de ce qui est dit dans un texte. Elle officialise la teneur du message et engage une entière responsabilité. L'excellence de la signature est le prénom suivi du nom, écrits lisiblement à la main.

À savoir que les mentions «lu et approuvé» ou «bon pour accord» ne renforcent en rien la valeur juridique d'un document. Elles sont utilisées par les organismes pour sensibiliser le signataire.

1. La présence d'un astérisque indique un renvoi au lexique.

Le responsable de tout ce que communique un établissement est le chef d'établissement. À ce titre, sa signature n'est jamais accompagnée de la mention de sa fonction. Il est cependant plus utile dans d'autres tâches que celle de signer tous les documents émis par l'entreprise, il délègue donc la signature à certains collaborateurs de confiance.

La délégation de signature est une tâche officielle de confiance octroyée de personne à personne ; elle ne fait pas partie des prérogatives d'une fonction. Quand le délégant ou le délégataire cesse ses fonctions, la délégation de signature doit officiellement être renouvelée (ou pas) et notifiée à l'ensemble du personnel. Par cet acte, le chef d'établissement s'engage à endosser la responsabilité de tout ce que son délégataire signera.

Lorsque le délégataire signe un document, il doit mentionner son « attache* », c'est-à-dire ses prénom, nom et fonction et de quel droit il signe à la place du chef d'établissement.

Yves Aumieu
Directeur des ressources humaines
par délégation
Yves Aumieu

Ce même délégataire peut, à son tour, se décharger verbalement de la signature de certains documents de routine à la teneur sans grandes conséquences. À ce titre, le sous-délégataire inscrit « par ordre » (soit p./o.) en dessous de son attache*.

Danièle Orteil
Responsable de formation
p. / o. D .Orteil

En règle générale, le responsable d'un niveau signe les documents :
- destinés à l'autorité supérieure ;
- engageant sa responsabilité vis-à-vis de l'autorité supérieure ;
- portant des appréciations concernant un subordonné ;
- engageant des dépenses ou une procédure judiciaire ;
- portant décision dans un domaine pour lequel il a reçu délégation.

La mention « pour copie conforme » donne valeur d'original aux copies d'un document officiel émis par une autorité. Elle précède la signature du collaborateur chargé de cette tâche.

Quant à la mention « pour ampliation* », elle précède la signature d'un délégataire chargé de diffuser un document dont le seul exemplaire signé par l'autorité a été archivé.

> Ne signez pas n'importe quoi
> et ne laissez pas signer n'importe qui à votre place !

Se fier à la signature* électronique (ou numérique)

La signature électronique est avantageuse pour son immédiateté et la réduction de coût qu'elle entraîne. Elle est désormais admise lors du traitement de marchés publics et des actes authentiques (ceux signés en présence d'un officier public : notaire, huissier…).

Elle permet d'officialiser un document :
- en face à face : sur un écran partagé, tablette ou smartphone ;
- à distance : par e-mail ;
- en ligne : sur un site Web, une plateforme, etc.

Elle n'est pas visuelle. C'est un code électronique, du même ordre que le code à usage unique qu'on reçoit par SMS lors d'un achat en ligne pour valider son paiement. Le signataire détient sa signature (code) électronique sur une carte à puces ou une clé USB. Ce support contient également le certificat (fichier) électronique qui rassemble les éléments d'identité du signataire. C'est ce système de chiffrement qui permet de valider la signature et de la rendre difficilement piratable.

Pour avoir la même force de preuve qu'une signature manuscrite, une signature électronique doit émaner d'un prestataire certifié.

> La signature électronique est sûre, valide et fait gagner du temps.

À RETENIR

- Les échanges oraux sont oubliés ou déformés sans qu'on puisse le prouver.

- Malgré tous nos moyens modernes de communication, il faut écrire pour laisser une trace.

- Signer un document n'est pas anodin ; la responsabilité du signataire est engagée.

- La signature électronique est reconnue officiellement en tant que preuve.

UTILISER LE DOCUMENT ADAPTÉ À LA SITUATION

L'école ne nous prépare pas au passage de l'exercice de rédaction destiné à l'apprentissage du maniement de la langue française, à la rédaction de textes utilitaires.

Penser « utilité », pas « devoir à rendre »

Nous avons tous été formés à l'écriture de notre langue par le « devoir » : les dictées, les rédactions, les dissertations… Nous avons appris à réserver le suspense dans l'espoir d'être lus jusqu'au bout ; nous avons appris à manier la thèse, l'antithèse et la synthèse ; nous avons appris à écrire avec emphase, à utiliser la métaphore, l'euphémisme, la litote (sans connaître forcément le nom de ces figures de style) et surtout, nous avons appris à faire la chasse aux répétitions. Mais nous n'avons pas retenu qu'il s'agissait là de littérature et nous avons cru avoir tout appris du français.

Nous avons parfois travaillé la langue française en étudiant la presse. Nous avons, à ces occasions, côtoyé un langage plus proche du langage quotidien. Mais nous n'avons pas forcément réalisé que l'objectif de la presse est le plus grand nombre de ventes. La presse utilise elle aussi des subterfuges d'écriture ayant pour but de surprendre et d'attirer les lecteurs vers de longs articles qui ne contiennent parfois rien de nouveau et qui, quelquefois, prennent quelques libertés avec la réalité (et la grammaire) si on en croit le nombre de procès et le nombre de publications de démentis. Le langage de la presse est certes plus accessible que la littérature, mais il est le modèle à ne pas suivre dans les écrits professionnels.

Le but de l'écrit professionnel n'est pas de séduire, d'attirer, d'intriguer, de surprendre, mais de transmettre en laissant une trace.

À chaque croisement d'une situation et d'un objectif, un type d'écrit est à produire dans un style dépouillé dont les caractéristiques sont développées dans les fiches 25, 26 et 27.

> **L'école nous apprend la langue française,
> pas la logique de l'écrit professionnel.**

Ne pas calquer systématiquement « ce qui se fait »

Ce qu'ont fait les prédécesseurs n'est pas forcément le modèle à suivre. Un écrit a une fonction. Il n'existe pas pour avoir été fait et rendu à temps comme un « devoir » scolaire. Il naît d'un moment et d'un objectif pour aider à atteindre cet objectif. J'ai rencontré des petits malins qui, faute de consignes, se contentaient de changer quelques éléments dans un document antérieur – comme à l'école quand on copie sur un autre.

Il existe effectivement des établissements qui ronronnent sans avoir jamais remis en question leur système de communication écrite et perdent du temps à produire des documents qui ne servent à rien, car ils n'aident en rien à l'avancée du travail et à la progression de l'entreprise.

Si votre emploi vous amène à confier la rédaction de documents à vos collaborateurs, prenez soin de leur exposer exactement ce que vous attendez, ce à quoi ce document va servir, plutôt que de vous réfugier sous le classique « Faites-moi un mémo (ou note ou fiche) ! »

Si votre emploi est de rédiger des documents pour un responsable, n'hésitez pas à vous faire préciser le résultat attendu. Cela n'a rien d'impertinent quand aucune instruction permanente sur le sujet n'existe. Questionner entre dans le cadre d'une bonne communication pour faire fonctionner l'organisation.

Tableau comparatif des documents administratifs

	SECTEUR PRIVÉ	SECTEUR PUBLIC
Message	Tout écrit bref en style télégraphique inscrit sur un post-it, un formulaire, un cahier de transmission.	Écrit succinct sur formulaire et destiné à être diffusé par transmission rapide.
	De nos jours, c'est le plus souvent un courriel.	
Courriel	Message transmis par réseau numérique.	
Télécopie	Moyen de transmission électronique de documents.	
Lettre	Document le plus couramment utilisé pour communiquer par écrit, la lettre se décline en de nombreuses spécialités (lettre de vente, lettre de motivation, lettre de réclamation…).	Document rédigé en forme personnelle (je) dont l'émetteur est la plus haute autorité en place dans un établissement. La lettre sert à communiquer avec d'autres organismes du secteur public, des entreprises et des particuliers.
Lettre d'envoi	Lettre extrêmement brève accompagnant l'envoi d'un autre document.	Annonce et présente de façon synthétique un document plus volumineux qui lui est joint. Remplace le bordereau lors d'un envoi de documents vers le secteur privé.
Notification	Le secteur privé utilise une lettre.	Information transmise par voie hiérarchique à une personne pour l'informer d'une décision qui l'intéresse à titre individuel.
Bordereau d'envoi	S'utilise pour l'expédition d'objets, pas de documents.	Formulaire comprenant trois colonnes : «désignation des pièces», «nombre de pièces» et «observations[1]». Il sert à diffuser au sein de l'administration des écrits concernant une même affaire. Son double, renvoyé, sert d'accusé de réception.
Note	Document rédigé en forme impersonnelle, remplace la lettre dans la communication interne.	
Note de service	Document interne à une unité ou à un service, destiné à fournir ou à rappeler des consignes de fonctionnement sur une question précise.	
Compte rendu	Témoigne de façon neutre d'un événement.	

	Secteur privé	Secteur public
Procès-verbal	Atteste que des faits se sont bien déroulés tels que consignés.	
Rapport	Expose et analyse des faits, puis propose des solutions au problème engendré par ces faits.	
Mémoire*	Rapport rédigé sur l'initiative de son auteur.	
Analyse	Exploite, en corrélation avec la situation actuelle, un document. Sans le résumer complètement, elle en fait apparaître le motif et les grandes lignes et propose, le cas échéant, la marche à suivre pour le traitement ou l'application du texte analysé.	
Synthèse	Exploite les pièces d'un dossier, en corrélation avec un cas, un problème ou une requête. La synthèse se conclut, si la requête le mentionne, par une proposition de solution.	
Circulaire	Lettre reproduite à plusieurs exemplaires et adressée à plusieurs personnes à la fois.	Document signé par un ou plusieurs ministres (dans ce second cas, il est publié au *Journal officiel*), fournissant aux fonctionnaires concernés les prescriptions nécessaires à l'application d'une loi.
Directive	Document émanant d'une haute autorité exposant aux subordonnés les buts à atteindre et les idées fondamentales devant conduire leur action.	
Décision	Dans le secteur privé, l'équivalent de la «décision» s'exprime dans une lettre, mais celle-ci est expédiée en recommandé avec accusé de réception (LRAR).	Document exprimant la volonté d'un haut responsable, fondée sur le règlement et/ou un rapport, au sujet d'un individu ou d'un groupe.

À RETENIR

- Chaque écrit professionnel sert à une chose bien précise.

- Il faut rédiger en pensant au but que l'écrit doit atteindre plutôt qu'à sa présentation ou à reproduire un langage particulier.

- S'il existe tant de noms pour désigner les écrits, c'est que chacun répond à une fonction bien particulière.

- Pour que chacun sache bien le travail qu'il a à faire, il faut nommer chaque écrit selon sa définition.

SE SITUER DANS LE SYSTÈME DE LA COMMUNICATION ÉCRITE

Les écrits professionnels servent à communiquer des informations de façon descendante pour donner des consignes, de façon ascendante pour rendre compte du travail accompli, et de façon horizontale pour communiquer entre services ou à l'extérieur de l'organisation (partenaires, clients, fournisseurs, usagers, administrés…). Les écrits réglementaires ne sont pas destinés à être traités par l'administration seule. Chacun est concerné par la réglementation et ses modifications. Nul n'est censé ignorer la loi.

Communiquer dans le respect de la loi

C'est la loi qui encadre toutes nos activités, que l'on soit un particulier, une entreprise ou une administration.

Les fonctionnaires de chaque ministère communiquent pour faire appliquer chaque loi qui est gérée par leur ministère de tutelle. L'encadrement produit des directives, des décisions, des ordres, des instructions vers le niveau hiérarchique inférieur et chaque niveau répartit le travail vers le niveau qui lui est subordonné. L'information descendante se répercute en chaîne jusqu'au moindre agent.

Les entreprises ont le devoir de s'informer sur ce que l'application de chaque nouvelle loi change dans leur façon de travailler. Et les nouvelles consignes sont répercutées de la même façon de niveau en niveau. Elles ne sont pas concernées seulement par les lois qui modifient le Code du travail ; n'importe quelle loi peut avoir un impact sur leur fonctionnement.

La réglementation de l'utilisation de l'amiante, par exemple, a touché pratiquement tous les secteurs. Chaque entreprise a dû s'interroger sur l'état de ses locaux. Les fabricants de matériaux contenant de l'amiante ont dû repenser leur activité. Les entreprises du bâtiment ont dû trouver des matériaux de substitution. Les agences immobilières ont dû travailler avec la contrainte supplémentaire des expertises (les particuliers également)… et des cabinets d'expertise sont apparus.

De même, la loi sur l'archéologie préventive a changé les pratiques des entreprises de travaux publics et la loi EGalim entraîne une réorganisation de tout le secteur alimentaire.

Nul n'est censé ignorer la loi.

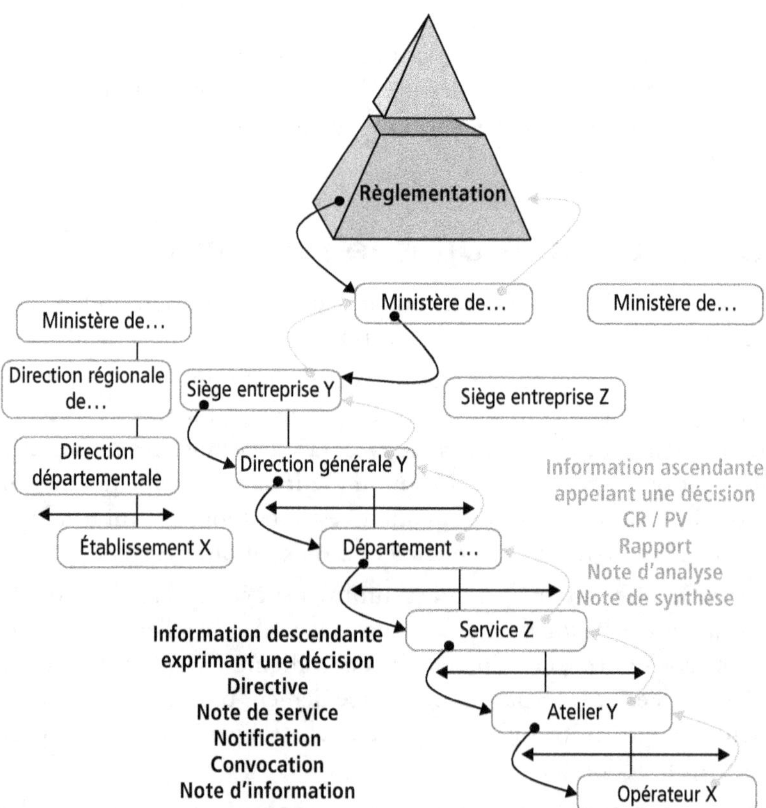

Figure 3.1 Schéma de la communication écrite descendante et ascendante

Communiquer pour le respect de la qualité

Le concept de qualité a toujours existé.

Dans les années 1950, dans un marché de plus en plus concurrentiel et devant des acheteurs commençant à douter du critère « prix = qualité », des marques jusque-là réputées étaient mises au défi de prouver la qualité de leurs produits face à des marques moins chères. En effet, dans une nuée de fournisseurs, comment reconnaître celui qui offre des produits de qualité ?

Dans les années 1970, il s'est révélé urgent de prouver au client qu'il pouvait compter sur une qualité constante chez un fournisseur donné. Cette réputation ne pouvait s'obtenir qu'en ne mettant sur le marché que des objets conformes à une description point par point : un cahier des charges.

Mais éliminer les produits non conformes n'était pas satisfaisant, car on s'apercevait alors que les rebuts étaient nombreux. On s'est mis alors à observer toutes les étapes de l'élaboration du produit afin de déterminer ce qui devait se passer à chaque étape pour que chaque composant soit parfait.

On s'est alors mis à noter par le menu les étapes d'élaboration de chaque composant, les moments clés où il était possible de se tromper et les moments où se présente une alternative*. Ainsi sont nés :

▸ les « processus » décrivant l'ordre des opérations successives nécessaires à une fabrication ;

▸ les « procédures » consignant qui fait quoi, où, quand et comment ;

▸ les « instructions de travail » décrivant dans le détail chacune de ces opérations ;

▸ les « enregistrements » consignant les contrôles aux étapes prévues.

Processus, procédures et instructions sont réunis (ou du moins leurs références) dans un « manuel qualité » avec l'organigramme, des documents précisant la politique de l'entreprise, son éthique et les limites de l'application de la qualité dans l'entreprise.

Le système documentaire de l'entreprise doit, lui aussi, répondre aux exigences de la qualité quant à sa lisibilité, son accessibilité et sa circulation. Les maîtres mots sont efficacité, fiabilité, précision et simplicité.

> L'efficacité du contenu et de sa mise en forme prime
> sur l'académisme du document.

En l'occurrence, dans le monde francophone, avec la langue française, nous avons un extraordinaire instrument de précision à notre disposition. Tout comme pour la qualité de la fabrication, on respecte les procédures, pour la qualité de la communication écrite, on respecte le sens des mots et les règles de grammaire.

À RETENIR

- Les documents professionnels existent pour être utiles.

- S'il existe des écrits de noms différents, c'est qu'ils ont une fonction différente.

- Parce qu'ils ont des fonctions différentes, les écrits ne se construisent pas de la même façon.

- Le style des écrits professionnels est imposé par leur fonction.

- N'importe quel écrit daté et signé a valeur de preuve devant un tribunal. C'est pourquoi il faut :
  - rédiger de façon à ne pas laisser prise à l'interprétation (*voir la partie IV*) ;
  - ne pas signer n'importe quoi.

- La signature électronique est valable dans les actes officiels.

- Le travail de la fonction publique est de faire appliquer les lois et de transmettre les résultats de ces applications vers la hiérarchie.

- Certaines lois conduisent certaines entreprises à modifier leur façon de fonctionner.

- Le bon fonctionnement d'une entreprise est lié à la qualité des écrits qu'elle produit ainsi qu'à la qualité du circuit de transmission de ces écrits.

- La qualité des écrits est liée :
  - à une définition stricte de la fonction et du circuit de chaque écrit ;
  - à l'existence d'une référence commune sur le résultat attendu de chaque type d'écrit ;
  - au respect de la grammaire et de la sémantique* françaises ;
  - au respect des convenances.

PARTIE II

RASSEMBLER L'INFORMATION NÉCESSAIRE À LA RÉDACTION

DIVERSIFIER SES TACTIQUES DE LECTURE

Lorsque nous recherchons de l'information dans un texte ou un dossier, nous avons tendance à déchiffrer passivement des lignes de signes, en espérant que le sens émergera de lui-même après qu'on en aura fait résonner tous les sons dans notre tête.

Cette tactique de déchiffrage est adaptée à la lecture de détente, quand on veut découvrir peu à peu le suspense d'une histoire, ou quand on aime savourer la syntaxe d'un écrivain virtuose.

Mais quand il s'agit d'un document rébarbatif que notre travail nous impose, aucun sens ne fait surface. Recommencer et soupirer n'y changent rien.

Une autre de nos tactiques est le décorticage. Nous soulignons, surlignons, encadrons des mots, des phrases ; notons des idées en marge… Décortiquer produit, certes, du sens. Mais que de temps perdu lorsqu'on s'aperçoit que l'information qui nous est utile se trouve à l'avant-dernière feuille du dossier !

Un éventail de tactiques efficaces est pourtant à notre disposition. Peu d'entre nous les utilisent, par méconnaissance ou par manque de confiance. Ces tactiques peuvent se comparer à un levier de vitesse que l'on déplace en fonction de notre objectif de lecture et de ce qui se présente sur notre parcours.

- Définir à chaque démarrage, un objectif de lecture.
- Dépister une information de détail : un nom, un chiffre, une citation, des mots-clés, etc.
- Dégager l'idée générale d'un texte pour savoir très rapidement s'il sert ou non l'objectif.
- Feuilleter un dossier ou un livre pour en trouver les passages utiles à l'atteinte de l'objectif.

) Décortiquer un passage identifié comme étant utile.

) Retourner en arrière quand il nous manque un élément.

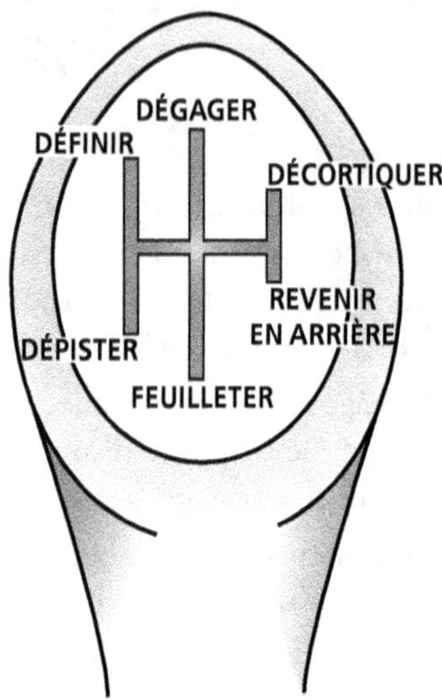

Figure 4.1. Schéma des tactiques de lecture

Il faut oser entrer dans un texte de différentes façons en fonction de l'objectif poursuivi. Plus le texte est complexe, plus les tactiques sont applicables et efficaces.

Le secret est de n'approfondir QUE les passages qui contiennent l'info utile après les avoir identifiés très rapidement.

À RETENIR

- Il n'y a pas qu'une seule manière de prendre connaissance d'un document.

- On s'y prend différemment en fonction du type de document et du besoin d'information.

- Lire passivement ne sert à rien ; il faut avoir un objectif, même si celui-ci est de se détendre.

- La détente n'a rien à voir avec les lectures destinées au travail.

DÉFINIR UN OBJECTIF DE LECTURE

Un objectif, c'est la description précise de la situation souhaitée pour remplacer la situation actuelle.

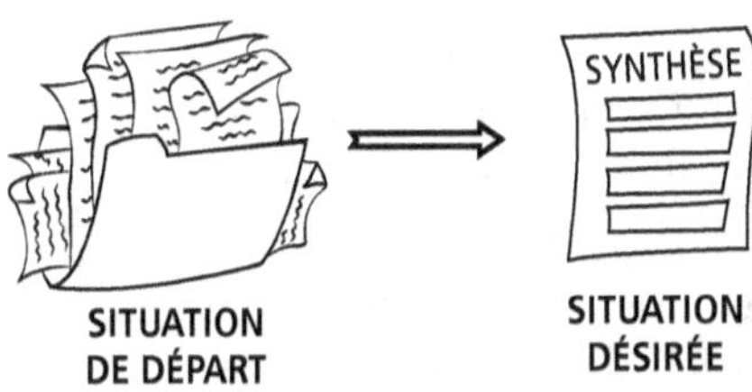

Figure 5.1

Ce n'est pas parce qu'un document a atterri dans notre corbeille à courrier ou notre boîte de réception qu'il doit voler du temps aux travaux déjà planifiés. Y consacrer ne serait-ce que dix minutes pour ne pas savoir qu'en faire est une perte de temps. D'ailleurs, que le courrier soit traditionnel ou électronique, prendre le temps de créer des sous-dossiers pour y faire tomber le courrier entrant en fonction d'un critère pertinent, permet d'isoler dans le « tout-venant » ce qui ne sert pas directement à la finalité du poste occupé.

Avoir un objectif de lecture, c'est savoir exactement de quelles informations on a besoin et quelle forme on va leur donner.

Par exemple :

▶ Quand on est chargé d'une revue de presse, on doit savoir quel type d'informations intéresse ceux à qui elle s'adresse. Dans ces informations, on ne doit relever que ce qui est nouveau et/ou intéressant et/ou important (à savoir que de nos jours, ce travail peut être traité par des logiciels opérant un tri dans les flux RSS). Et on doit savoir sous quelle forme elles doivent être présentées : note, affichage, présentation informatisée, etc.

▶ Quand on est chargé de répondre à une lettre, on doit croiser la demande de l'expéditeur et la politique de l'entreprise à laquelle on appartient. La réponse à une lettre prend, en général, la forme une lettre.

▶ Quand on est chargé d'une synthèse de documents, on doit connaître les attributions de la personne qui a commandé ce travail pour savoir quelles informations vont lui servir dans les circonstances actuelles. On doit ensuite les ordonner pour qu'elles soient facilement comprises dans un texte le plus court possible.

Il faut donc formuler les questions qui vont nous aider à trouver l'information utile pendant l'exploitation des documents : « Qu'y a-t-il de nouveau dans… » ; « Qu'est-ce que ce texte change dans les procédures ? » ; « Que fait la concurrence ? » ; « Qu'est-ce qui se dit de nous à l'étranger ? » ; « Quelles sont les dernières découvertes techniques ? »…

> **Lorsqu'on entreprend une lecture,**
> **on doit savoir ce qu'on va faire des informations obtenues.**

À RETENIR

- Un objectif est la description de la situation à atteindre.

- On peut avoir simplement besoin de connaître un détail : un nom, un numéro, une quantité…

- On peut avoir besoin de l'idée générale d'un texte pour savoir s'il concerne notre travail du moment.

- On peut avoir besoin de savoir si un texte apporte des réponses aux questions qu'on se pose au moment même.

- On peut avoir besoin d'engranger une somme d'informations nouvelles.

- Chaque type d'objectif nécessite une stratégie différente de lecture.

DÉPISTER LES MOTS CHARGÉS DE SENS

L'enseignement scolaire suppose que le passage de la lecture apprentissage à la lecture utilitaire se fait de soi-même. Or ce n'est pas le cas pour tout le monde. Il est pourtant indispensable de savoir que, une fois qu'on sait lire, on n'a plus besoin d'ânonner chaque syllabe pour comprendre un texte.

Prendre conscience qu'on comprend les mots à la simple vue de leur silhouette

Parce que nous n'avons pas pris de distance avec notre apprentissage, nous pensons avoir besoin d'identifier chaque lettre et chaque syllabe, puis d'en faire résonner le son dans notre tête pour avoir «lu». Or, cela fait, il nous arrive souvent de nous rendre compte que nous n'avons absolument rien compris. Nous avons seulement «fait du son» et pas du sens.

Cependant, nous pouvons comprendre mieux, et plus rapidement, simplement en prenant confiance en notre capacité de reconnaître et de comprendre les mots – que nous connaissons – sans les prononcer. La lecture adulte n'a, en fait, plus besoin du son : l'adulte est tout à fait capable de traduire en sens la silhouette d'un mot écrit. Ne reconnaissons-nous pas très rapidement sur les panneaux indicateurs le nom de la ville dans laquelle nous voulons nous rendre ? Ne reconnaissons-nous pas les logos même si le nom de la marque n'est pas écrit ? Faites-vous sonner le nom du supermarché dans lequel vous allez faire vos courses dès que vous voyez son enseigne ? Une police de caractère peut à elle seule nous faire penser à une firme, à une époque (machine à écrire, parchemin…), à un genre d'écrit (BD, journal), à un pays (imitation d'écriture étrangère)…

Figure 6.1. Peu importent les mots qui accompagnent les panneaux

Si les mots dénotent un sens précis, ils connotent également une foule d'idées annexes. Quand, par exemple, j'aperçois le mot « culture », j'ai dans la tête non pas un son, mais des livres, des peintures, de la musique, des auteurs, des lieux, des styles divers, des époques… Et c'est en cela que le repérage d'un mot clé, associé à d'autres mots appartenant au même champ lexical*, permettent d'être absolument sûr du thème d'un paragraphe.

> Ne vous raccrochez plus au son de chaque mot ; lâchez prise !
> La seule silhouette d'un mot fait sens.

Exemple

Regardez uniquement les mots en gras :
*Le **chat** a une **vue** <u>incroyable</u> ! Si le **chat** ne **voit** pas totalement dans le **noir**, il bénéficie d'une <u>super-vision</u> dans la **pénombre**. Ses pupilles s'agrandissent à la demande pour capter le moindre rayon **lumineux** ; une membrane réflective placée derrière la **rétine** <u>augmente</u> sa **vision nocturne**. Ajoutez à ces performances une **vision** <u>panoramique</u> à 260 ° (la nôtre fait 220 °) pour repérer ses proies et un maximum de cellules sensibles à la **lumière** appelées bâtonnets (<u>150 millions</u> pour lui, 120 millions pour nous). Mieux encore : le **chat** détecte les mouvements à une <u>très longue distance</u>. Seul bémol, il possède moins de récepteurs de **couleurs** que nous et ne distingue que le **bleu**, le **jaune**, dans des tons pastel (il ne **voit** pas le **rouge**). On peut, en somme, considérer que sa **vision** est <u>supérieure</u> à la nôtre.*

Nous distinguons dans ce paragraphe trois champs lexicaux : chat ; noir/lumière ; couleur. Il ne peut traiter que de la vision du chat dans le noir et sa perception des couleurs.
On y trouve même des mots et groupes de mots exprimant la grandeur et la supériorité.

Mais ce n'est qu'une hypothèse et le reste du texte ou les autres textes annexés confirmeront ou infirmeront.

Connaître le sens des mots outils (conjonctions)

Alors que les mots clés portent le thème du texte ou du paragraphe, les mots outils soulignent les articulations du raisonnement. Les uns ou les autres ne se suffisent pas. Un mot outil n'exprime pas grand-chose quand il n'est pas dans un texte et on peut trouver n'importe quel mot outil dans des textes traitant de n'importe quel sujet.

Repérer rapidement les mots outils dans un texte permet de le baliser ; de savoir où se trouvent les phrases exprimant une idée qui s'ajoute à la précédente ; celles qui apportent une concession ; celles qui disent la cause ; celles qui annoncent le but ; etc.

Ce balisage permet de ne pas se tromper sur ce que le texte veut dire sur le thème abordé.

Quelques mots outils

Pour attaquer	Pour énumérer	Pour ajouter	Pour retrancher	Pour conclure
D'abord	Ensuite	Et	Mais	Enfin
En premier lieu	En second lieu	De plus	Cependant	En dernier lieu
Premièrement	Deuxièmement	En outre	Nonobstant	pour finir
D'une part	D'autre part	Par ailleurs	Toutefois	En somme
Tout d'abord	Après quoi	D'ailleurs	Néanmoins	Pour conclure
Avant tout		Aussi	Au contraire	en fin de
Pour		De surcroît	À l'inverse	compte
commencer		Également	Au lieu	Au total
Commençons		Outre que	Tandis que	En définitive
par		Surtout	Malgré	Donc
Il se trouve que		Voire	Du moins	En
Il a été constaté		Non seulement	Malgré	conséquence
		Et même	Même si	Par conséquent
		Sans compter	En dépit de	C'est pourquoi
		que	Bien que	De sorte que
			Cela dit	De façon que
			Sauf	Si bien que

Ce tableau n'est pas exhaustif.

Exemple

*Le chat a une vue incroyable ! **Si** le chat ne voit pas totalement dans le noir, il bénéficie d'une super-vision dans la pénombre. Ses pupilles s'agrandissent à la demande pour capter le moindre rayon lumineux ; une membrane réflective placée derrière la rétine augmente sa vision nocturne. **Ajoutez à** ces performances une vision panoramique à 260 ° (la nôtre fait 220 °) pour repérer ses proies et un maximum de cellules sensibles à la lumière appelées bâtonnets (150 millions pour lui, 120 millions pour nous). **Mieux encore** : le chat détecte les mouvements à une très longue distance. **Seul bémol**, il possède moins de récepteurs de couleurs que nous et ne distingue que le bleu, le jaune, dans des tons pastel (il ne voit pas le rouge). On peut, **en somme**, considérer que sa vision est supérieure à la nôtre.*

Le « si » nous laisse prévoir une affirmation qui sera juste après modérée.
Le « ; » est suivi d'une explication de la proposition qui le précède.
« Ajoutez à » est évident : il annonce un argument supplémentaire.
« Mieux encore » annonce un argument encore plus fort.
« Seul bémol » : annonce un léger argument contraire.
« En somme » : annonce la conclusion, soit là où voulait nous conduire l'auteur.

> Lorsqu'on dépiste un mot outil de conclusion,
> on peut être sûr qu'il est suivi d'une idée importante.

Ne jamais cesser d'augmenter son vocabulaire : il n'y a pas de mots inutiles

Cela n'est bien sûr possible que si nous connaissons le mot auparavant. Il n'y a pas de secret, il faut en permanence travailler à augmenter son vocabulaire. Nous faisons trop facilement confiance à nos acquis, nous vérifions rarement le sens d'un mot dans un dictionnaire.

Or un mot peut avoir plusieurs sens, mais il peut étrangement ressembler à un autre qui veut dire tout à fait autre chose comme : « prescrire » et « proscrire » ; « réfaction » et « réfection » ; « altitude » et « attitude » ; « collision » et « collusion »… Il faut connaître ces binômes et c'est possible, car nous faisons facilement et rapidement la distinction lorsqu'il s'agit de mots courants. Par exemple, nous ne confondons pas «crime» et «crème» ; «écharpe» et «écharde» ; «adresser» et «agresser» ; «hâler» et «héler»… et qui plus est, nous ne confondons même pas «le couvent» et «elles couvent» !

Mais aussi, nous lisons ou entendons des mots nouveaux dont nous ne vérifions pas le sens et les replaçons dans la conversation. On peut tomber juste… mais on peut aussi dire n'importe quoi, voire l'inverse de ce qu'on pense. Pour s'exprimer, on peut se contenter du vocabulaire dont on est sûr, mais lorsqu'on prend connaissance de textes écrits par d'autres, il faut être prêt à comprendre un vocabulaire différent du sien.

> **Les difficultés ou la lenteur de lecture d'un adulte viennent souvent du manque de vocabulaire.**

À RETENIR

- La silhouette d'un mot suffit à engendrer du sens dans notre intelligence.

- Nous avons appris l'existence de conjonctions (mots outils) qui servent à articuler un texte ; il faut s'en servir tant pour lire que pour s'exprimer. Elles indiquent les rapports de cause à effet qui existent entre les phrases.

- On ne peut parler d'un thème qu'avec le vocabulaire de ce thème (champ lexical*). En repérant les mots de ce vocabulaire (mots clés), on peut être absolument certain que le texte parle de cela.

- Quand on a repéré deux champs lexicaux dans une partie de texte, on sait qu'à cet endroit l'auteur parle du thème principal sous l'aspect du thème secondaire.

- Pour être sûr de bien comprendre ce qu'on lit, il ne faut jamais cesser d'augmenter son vocabulaire.

- Et pour ne pas perdre son lecteur, malgré la consigne scolaire d'éviter les répétitions, il faut garder le même mot pour désigner la même chose tout au long d'un texte. Si vous parlez d'un «bouton», ne parlez pas plus loin d'«interrupteur» ou de «commutateur» ou encore de «disjoncteur» pour désigner la même chose.

DÉCUPLER SES CAPACITÉS DE DÉPISTAGE

Des méthodes existent pour, d'une part, augmenter son capital mots sans ennui et, d'autre part, muscler sa vision (élargissement du champ visuel, vitesse de balayage du texte, capacité d'accommodation…).

Augmenter considérablement son vocabulaire

L'étendue de notre vocabulaire est garante de notre liberté intellectuelle : liberté de comprendre un maximum de personnes, un maximum de pensées ; liberté de réfléchir soi-même au lieu de se laisser imposer des opinions ; liberté d'exprimer ses propres idées avec précision. Heureux sont ceux qui, dès l'enfance, ont commencé à se constituer un vaste vocabulaire !

Il ne s'agit pas de frimer, mais de comprendre et de se faire comprendre.

Lisez !

Si personne ne vous l'a déjà dit : lisez ! Et même, lisez le plus possible, lisez tout et n'importe quoi (romans, poèmes, manuels techniques, philosophie, humour, magazines techniques, journaux, BD, mangas…).

Cherchez systématiquement les sens des mots nouveaux

Ne laissez pas indifféremment passer les mots qui sont nouveaux pour vous, ou ne déduisez pas un sens d'après le contexte. Donnez-vous toutes les chances de bien comprendre ce que vous lisez en les cherchant dans des dictionnaires scrupuleux[1].

Dissipez vos hésitations

En compulsant les dictionnaires, non seulement vous apprendrez des mots nouveaux, mais vous pourrez aussi constater que l'auteur du texte que vous lisez a fait un contresens. Tout le monde est à la merci de la faute. Ayez confiance en vous et posez des questions. Il existe plusieurs forums en ligne où vous pourrez dissiper vos doutes[2].

Apprenez au moins un mot nouveau par jour !

Un de mes professeurs de langue conseillait à ses étudiants d'avoir un recueil de vocabulaire sur leur table de nuit ; de l'ouvrir dès le réveil et d'y apprendre dix mots nouveaux d'un thème chaque matin. Oui, il n'exigeait pas, il conseillait : libre à nous d'être performants ou pas aux examens. Dix, c'est beaucoup ? Allez, cinq alors… Un seul ? Pourquoi pas.

Faites des mots croisés

Ne vous déclarez pas vaincu dès que votre vocabulaire habituel est épuisé. Cherchez dans des dictionnaires analytiques, paramétrés[3] ou des dictionnaires d'anagrammes et de rimes[4] avec les quelques lettres que vous avez découvertes. Les mots croisés procurent en outre une bénéfique gymnastique cérébrale par le déchiffrement des énigmes fournies par les définitions.

1. Vous en trouverez en ligne : http://www.cnrtl.fr/lexicographie/
2. Par exemple : http://www.achyra.org/francais/index.php
3. www.mots-croises.ch/Recherche/parametree.htm
4. www.rimessolides.com

Apprenez les racines des mots !

Une grande aide à la compréhension des mots les plus complexes réside dans la connaissance des racines qui les composent. N'est-il pas plus simple de connaître une quantité restreinte de racines usuelles plutôt que de vouloir connaître une quantité incommensurable de mots ? Le plus riche de nos dictionnaires usuels modernes compte 90 000 mots auxquels il faut ajouter tous les mots spécifiques à différents domaines (chimie, architecture, marine, aviation, sport…). Plus les mots sont compliqués et savants, plus il y a de chances qu'ils soient composés correctement à partir de racines grecques ou latines. À vous la clé de 10 % des mots les plus complexes du dictionnaire !

Tableau de préfixes et de suffixes

Préfixes	Sens	Exemples	Suffixes	Sens	Exemples
ab-, abs-	loin de, séparation	Abstinence	–algie	douleur	Névralgie
ad-	vers, ajouté à	Adhérence	–archie	commandement	Monarchie
anté-	avant,	Antédiluvien	–arque	qui commande	Monarque
bis-, bi-	deux	Bipède	–bole	qui lance	Discobole
circon-	autour	Circonvolution	–cosm(o)	monde	Microcosme
co-, col-, com-, con-	avec	Coéquipier Collection Compère Concitoyen	–crate	qui a le pouvoir	Aristocrate
déci-	dix	Décimètre	–cycle	rond	Hémicycle
ex-	hors	Expatrier	–doxe	opinion	Paradoxe
ex-	qui a cessé d'être	Ex-ministre	–gone	angle	Polygone
inter-	entre	Interallié Interligne International	graphe	qui écrit	Télégraphe
intra-	au-dedans	Intramusculaire	-lithe	pierre	Monolithe

Préfixes	Sens	Exemples	Suffixes	Sens	Exemples
juxta-	auprès de	Juxtaposer	-logie	science	Psychologie
multi-	plusieurs	Multicolore	-mancie	divination	Cartomancie
octo-	huit	Octogone	-mane	qui a la passion	Pyromane
omni-	tout	Omniscient	-mètre	mesure	Centimètre

Ce tableau n'est pas exhaustif. On trouve des tableaux de racines dans les dictionnaires ou en ligne.

Jouez avec les mots[1] !

▸ Anagrammes,

▸ contrepèteries,

▸ calembours,

▸ Monsieur et Madame ont un fils,

▸ jeu du dictionnaire,

▸ mot du jour (pris au hasard et à placer le plus de fois possible dans la journée)…

Apprendre, ce n'est pas lire, mais utiliser.

Améliorer ses performances de perception des mots

Si vous avez pratiqué des séances chez un orthoptiste (fait entrer le perroquet ou le lion dans la cage ; aidé Petit-Lapin à donner la main à Maman-Lapin, etc.), vous savez exactement ce qu'il faut faire pour gagner en mobilité de l'œil et agrandir votre champ visuel.

1. Vous trouverez des exercices ludiques d'apprentissage à cette adresse : https://www.ccdmd.qc.ca/fr/recherche/?mc=paronymes.

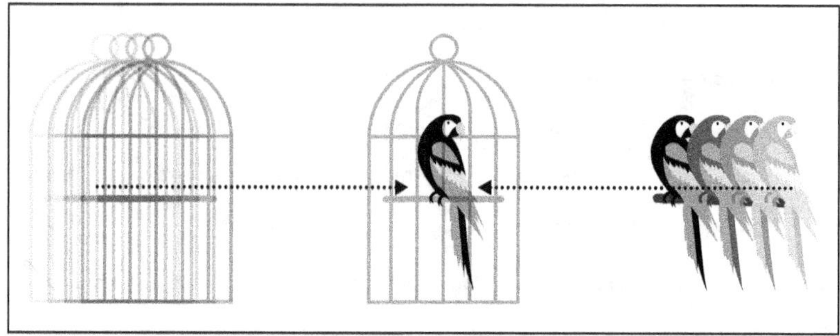

Figure 7.1

La gymnastique oculaire peut se pratiquer sans matériel sophistiqué. Il suffit d'y consacrer un quart d'heure par jour. Vos yeux seront non seulement plus performants pour la lecture, mais aussi plus forts au quotidien. Ces exercices ont également la réputation de retarder la presbytie.

Exercice 1

Installez-vous index et majeur en V de votre main gauche tenue à bras tendu et index levé de votre main droite coude replié comme dans la figure 7.2. Accommodez alternativement sur le V et sur l'index. Faites des séries de 10.

Exercice 2

Prenez un crayon dans une main et tenez-le à hauteur des yeux tout près de votre visage. Fixez-le. Oui, vous louchez. Suivez-le des yeux en l'éloignant lentement. Continuez à le fixer en le rapprochant lentement comme dans la figure 7.3, puis recommencez. Faites des séries de 10.

Exercice 3

Frottez l'une contre l'autre les paumes de vos mains pour les chauffer.
Creusez-les et appliquez-les sur vos yeux – surtout sans appuyer
(figure 7.4). Imaginez un objet (maison, bateau, arbre, lettre de l'alphabet, chiffre, etc.) et faites-en faire le contour à vos yeux dans un
sens puis dans l'autre. Variez les objets pour que vos muscles oculaires
travaillent dans tous les sens. Lors de votre séance quotidienne, faites
par exemple les chiffres de 1 à 9 aller-retour, ou une série de lettres
de l'alphabet.

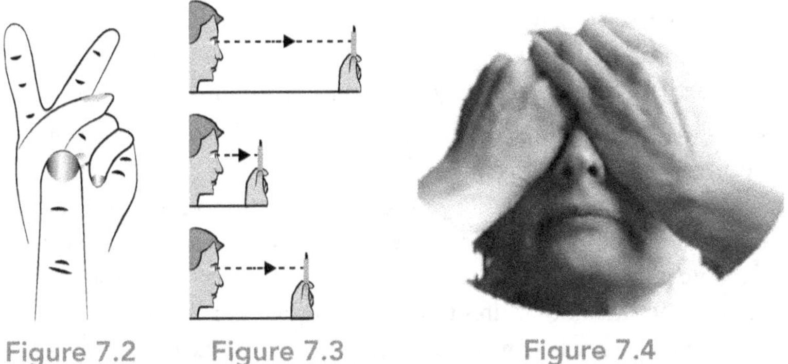

Figure 7.2   Figure 7.3   Figure 7.4

Quand vos yeux sont fatigués à la fin de vos exercices ou au cours de
votre travail de lecture, ne les frottez surtout pas ! Prenez la position
de l'exercice 7.4 et reposez vos yeux bien au chaud.

Pourquoi délaisser les muscles oculaires quand on veut entretenir son corps ?

À RETENIR

- L'entretien du corps concerte aussi la vue ; il existe des exercices
  d'orthoptie pour muscler les yeux.

- Rien ne sert de rendre ses yeux performants quand on ne connaît
  pas le sens des mots ; il existe des façons amusantes d'apprendre
  des mots nouveaux.

DÉGAGER RAPIDEMENT LE SENS GÉNÉRAL D'UN TEXTE

Le sens général d'un texte ne se cache pas dans un mot isolé au beau milieu d'un paragraphe. Ce mot peut nous plaire, nous frapper, nous toucher parce qu'il évoque quelque chose d'important pour nous ou pour la société. Mais si ce mot n'est pas accompagné de nombreux autres mots appartenant au même champ lexical*, il ne porte pas l'idée générale du texte. Il peut éventuellement intervenir dans la démonstration de l'argument du paragraphe qui le contient. C'est tout.

Les plus magnifiques hors sujets qu'on peut constater dans les épreuves de concours administratifs qui se fondent sur l'étude d'un ou plusieurs textes sont dus à ce phénomène : le candidat voit son attention captée par une phrase exposant un scandale d'actualité (les esclaves modernes, les violences familiales, les manipulations génétiques, l'hégémonie des grainetiers ou des laboratoires pharmaceutiques, etc.) et, au lieu d'analyser le texte qui lui a été soumis, il rédige une dissertation sur ce sujet.

La même erreur peut se produire dans le domaine professionnel avec des conséquences beaucoup plus graves qu'une mauvaise note.

> Avec les mots d'un champ lexical, on ne peut parler que du domaine, du thème, du sujet qu'il recouvre.

Procéder par déductions, hypothèses, confirmations ou infirmations

Pour ne pas prendre un détail pour l'idée générale, ne perdez jamais de vue votre objectif. L'atteindre, c'est trouver la réponse aux questions qu'a engendrées dans votre esprit la rencontre de la situation présente dans l'organisation qui vous emploie et de ce qui peut y changer quelque chose dans le ou les documents que vous avez à exploiter.

Tout au long de votre progression, chaque élément que vous relevez forge une hypothèse, l'amende*, la transforme, la construit jusqu'à ce qu'elle devienne une réalité.

L'idée générale d'un texte est développée dans l'ensemble du texte.

S'appuyer sur les éléments périphériques

Un texte comporte au moins un titre général ; s'il est long, il est divisé en parties qui portent un sous-titre. Plus le texte qu'on a à exploiter émane de sources officielles (textes législatifs et textes réglementaires), plus on peut être sûr qu'on ne parlera d'une chose que sous le titre qui la nomme. C'est le paragraphe par lequel il faut commencer. Le reste a toutes les chances de se révéler inutile.

Un texte peut être illustré de schémas, de photos, de tableaux et ceux-ci sont dotés d'une légende. Si l'auteur a jugé bon d'illustrer ce ou ces éléments, c'est qu'il les a jugés indispensables à son propos. En prendre connaissance avant de lire et réfléchir dessus donne la plupart du temps une idée considérable de son contenu.

La presse utilise en outre des encadrés, des intertitres et chaque article est coiffé d'un chapeau. Les citations sont mises en relief par des guillemets et/ou de l'italique qui permettent de les dépister rapidement.

Si, après avoir pris connaissance de ces éléments et les avoir analysés, on constate qu'il en ressort toujours une seule et même information, il ne faut pas hésiter à écarter l'article ; il n'en dira pas plus. La presse n'a aucun intérêt à cacher au fond d'un article une information qui lui ferait gagner des clients.

En revanche, si l'analyse de chacun de ces éléments a complété le sens des précédents, l'article a des chances de contenir d'autres informations. C'est là qu'il faut se demander si ce qu'on a déduit jusque-là peut nous mener à notre objectif ou pas. Si ce n'est pas le cas, le texte est écarté ; si c'est le cas, on passe à l'étape suivante.

S'appuyer sur la construction des textes

L'idée générale d'un texte se trouve entre ce à quoi a voulu en venir l'auteur (conclusion) et ce de quoi il est parti (introduction). Ces deux éléments nous disent tout. Le reste du texte argumente.

Dégager le sens général d'un texte consiste donc à réfléchir sur la conclusion et reformuler ce qu'on a compris avec nos propres mots, puis réfléchir sur l'introduction. Enfin, relier les deux dans une hypothèse de contenu que le reste du travail viendra confirmer ou infirmer. Chaque fois que notre hypothèse est infirmée, on l'amende* et on reprend l'enquête.

Dans le domaine législatif, il est bon de savoir que les mentions restrictives se trouvent dans les derniers articles. C'est là qu'on trouvera : « Le présent décret ne s'applique pas… [aux ; dans ; à] » ou « Dans les DOM TOM, le présent décret sera ainsi appliqué : […]. » Lire un tel article en premier évite souvent de lire tout un texte.

Dans ce même domaine, l'article premier développe le quoi et le pourquoi de se texte. On trouvera par exemple : « La politique d'aménagement du territoire concours à […] Elle a pour but de […] Elle a pour objet le […]. À cet effet, elle corrige […], elle compense […] elle tend à réduire […]. » Le contexte de la loi nous éclaire sur les chapitres susceptibles d'intéresser notre travail. Il faut directement trouver ces chapitres et parcourir le début et la fin de chaque article afin de déterminer s'ils nous apportent des informations utiles, auquel cas nous viendrons les dépouiller plus tard.

> Il ne faut pas se perdre dans les détails ; il faut avancer ; on y reviendra plus tard uniquement si nécessaire.

Le développement est composé de paragraphes – parfois regroupés visiblement en parties et sous-parties – qui développent chacun une idée contribuant à la démonstration de l'idée générale. L'unité de sens d'un texte n'est pas la phrase, encore moins le mot, mais le paragraphe.

Exemple (Ne lisez pas ce texte entièrement ! Appliquez la démarche !)

Au XXIe siècle, la guerre est devenue un phénomène complètement nouveau sur le plan logistique, existentiel et économique. C'est une guerre des hautes technologies. Et parallèlement aux percées scientifiques, l'art de la guerre se transforme également.

Aujourd'hui les principales opérations militaires se déroulent dans les airs : l'aviation endosse donc une sérieuse responsabilité. Elle est avant tout de garantir sa domination dans le ciel. Quand nous avons réussi, par exemple en Syrie, à rendre cette domination solide, la suite de la situation a été prédéterminée et la défaite des terroristes n'était plus qu'une question de temps.

L'arme de précision a particulièrement changé la tactique, les actions opérationnelles, la stratégie et le caractère de la guerre de nouvelle génération en lui donnant de nombreux traits distinctifs par rapport aux guerres antérieures.

Premièrement, l'arme de précision permet de réduire la durée des opérations. Les terroristes ont été éliminés en Syrie en un peu plus de deux ans alors qu'en septembre 2015, ils contrôlaient plus de 70 % du pays.

Deuxièmement, la haute précision de tir augmente la force offensive de la munition, ce qui permet d'économiser leur nombre. Autrement dit, la guerre devient plus chère à cause des technologies coûteuses, ce qui est compensé en partie grâce à une utilisation plus efficace des armes.

Troisièmement, l'arme de précision augmente la profondeur des attaques contre l'ennemi.

Enfin, l'arme de précision détermine l'évolution des activités militaires : les troupes sont passées du contact direct sur le front à la méthode de frappes à longue portée, les actions à distance prévalent sur le combat rapproché.

Auteur : un général russe anonyme (traduction)

Dégagement

Conclusion : (mot outil : « Enfin ») les actions à distance prévalent sur le combat rapproché.

Introduction : parallèlement aux percées scientifiques, l'art de la guerre se transforme également.

⇨ Ce texte me dit que : on ne fait plus la guerre comme autrefois ; le combat rapproché tend à disparaître.

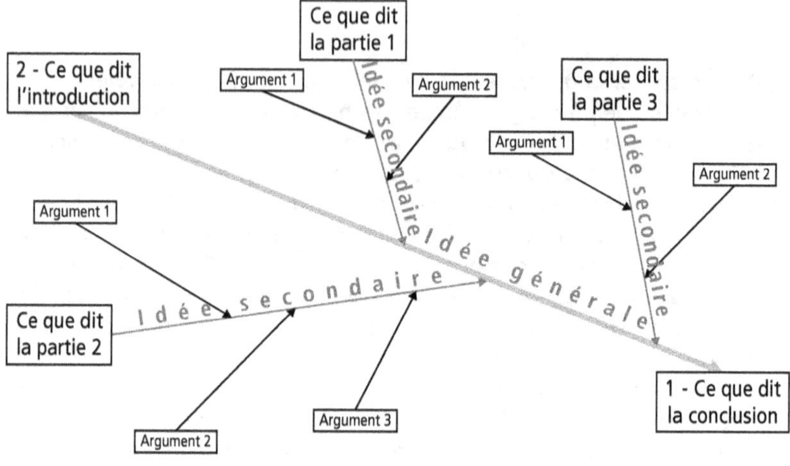

Figure 8.1

S'appuyer sur les mots clés et les mots outils

Voir les fiches 6 & 7

Exemple

<u>Au</u> XXIe <u>siècle</u>, la **guerre** est devenue un phénomène complètement nouveau sur le plan logistique, existentiel et économique. C'est une **guerre** des <u>hautes technologies</u>. Et parallèlement aux percées <u>scientifiques</u>, l'art de la **guerre** se transforme également.

<u>Aujourd'hui</u> les principales **opérations militaires** se déroulent dans les <u>airs</u> : <u>l'aviation</u> endosse donc une sérieuse responsabilité. Elle est <u>avant tout</u> de garantir sa **domination** dans le ciel. Quand nous avons réussi, par exemple en Syrie, à rendre cette **domination** solide, la suite de la situation a été prédéterminée et la **défaite** des **terroristes** n'était plus qu'une question de temps.

L'**arme** de <u>précision</u> a <u>particulièrement</u> changé la tactique, les actions opérationnelles, la **stratégie** et le caractère de la **guerre** de nouvelle génération en lui donnant de nombreux traits distinctifs <u>par rapport</u> aux **guerres** antérieures.

Premièrement, l'arme de précision permet de réduire la durée des opérations. Les terroristes ont été éliminés en Syrie en un peu plus de deux ans alors qu'en septembre 2015 ils contrôlaient plus de 70 % du pays.

Deuxièmement, la haute précision de tir augmente la force offensive de la munition, ce qui permet d'économiser leur nombre. Autrement dit, la guerre devient plus chère à cause des technologies coûteuses, ce qui est compensé en partie grâce à une utilisation plus efficace des armes.

Troisièmement, l'arme de précision augmente la profondeur des attaques contre l'ennemi.

Enfin, l'arme de précision détermine l'évolution des activités militaires : les troupes sont passées du contact direct sur le front à la méthode de frappes à longue portée, les actions à distance prévalent sur le combat rapproché.

Mots clés :

Champ lexical principal = la guerre.

Champ lexical secondaire = hautes technologies / précision / longue distance / aviation.

⇨ Ce qui a changé dans la guerre, c'est l'utilisation d'armes évoluées qui permettent des tirs de précision à longue distance.

Je confronte à ma première hypothèse de contenu : on ne fait plus la guerre comme autrefois ; le combat rapproché tend à disparaître. Et je vois que les deux se complètent.

Si ce texte m'est utile pour mon travail, je pars à la recherche des mots outils. « Premièrement », « deuxièmement », « troisièmement » me sautent aux yeux ; ils vont me donner les trois particularités les plus importantes aux yeux de l'auteur, sur le sujet.

Et voilà le sens général de mon texte dégagé en deux minutes montre en main (si je n'écris rien, bien entendu ; tout se passe dans ma tête).

S'appuyer sur la structure des paragraphes

Dans un texte mieux construit, plus long, susceptible de contenir des détails utiles au travail de rédaction, on fait de même sur chaque partie (mots outils et mots clés). Si le sujet n'apporte rien à la recherche, on trace un trait en travers de la partie. S'il est utile, on le retient en plaçant un repère dans la marge pour venir le décortiquer plus tard, au moment de prendre des notes.

Dans un texte bien construit, les paragraphes, eux aussi, ont une structure incluant une introduction ou une conclusion, ou les deux. On parle de paragraphe « en triangle » ; « en triangle inversé » ou « mixte ». En se contentant de lire la dernière proposition puis la première proposition de chacun d'eux, on en dégage le sens global qu'on relie à l'idée générale du texte complet (en deux minutes chacun, en étant large).

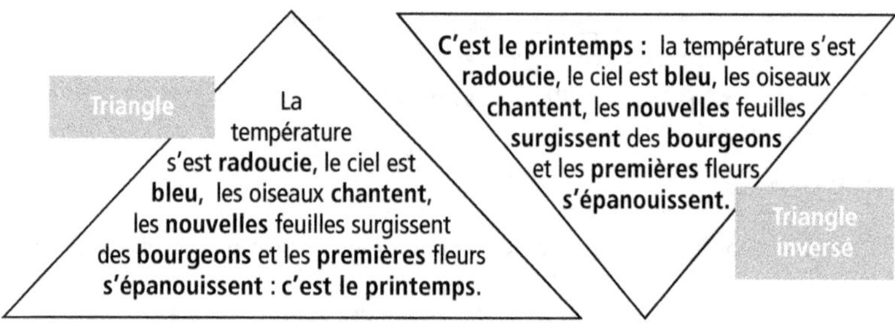

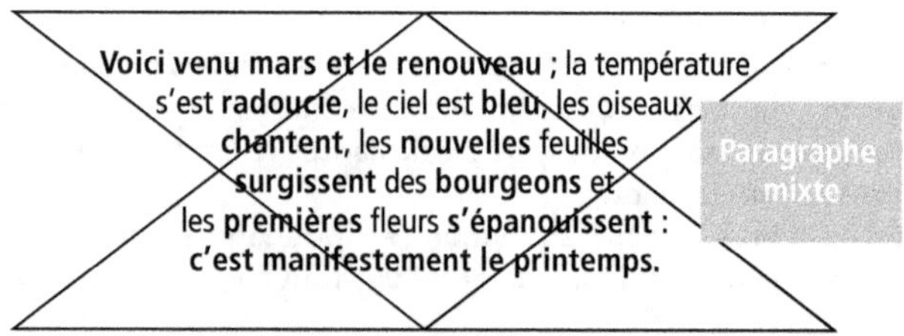

Figure 8.2

Un paragraphe bien construit développe une seule idée qu'il résume au début ou à la fin ou bien au début et à la fin.

Avoir confiance et s'entraîner

Au premier abord, la méthode semble hasardeuse. Il n'en est rien. Elle est fondée sur ce qu'apprennent les meilleurs rédacteurs pour structurer leurs textes. Elle demande une grande attention, un esprit vif et une grande capacité de déduction. Elle permet d'avoir les résultats les plus précis et de les obtenir rapidement. Elle permet d'échapper au « hors sujet » engendré par un mot ou une phrase isolés dont le sens nous aurait particulièrement touchés par sa gravité ou son actualité et qu'on aurait retenus au détriment du sens général.

**Dix minutes pour décider si un texte est utile ;
mais chacun est libre de perdre son temps…**

À RETENIR

- Un texte bien rédigé est un texte dans lequel on peut se repérer, dans lequel les informations ne sont pas données en vrac.

- On n'a pas toujours la chance d'avoir à exploiter un texte bien construit, mais on a toujours la possibilité de bien construire ses textes pour être bien compris.

- Un texte expose une idée générale qui est soutenue par des arguments, chacun faisant l'objet d'une partie.

- Chaque paragraphe développe une facette de l'argument, exposée dans la première phrase, ou la dernière, ou dans les deux.

- Sachant cela, on ne peut plus confondre (si le texte est bien construit) idée générale et idée accessoire.

FEUILLETER PROFITABLEMENT UN DOSSIER

Le feuilletage est la méthode à appliquer lorsqu'on a été chargé d'un travail de synthèse, qu'il s'agisse d'un dossier, d'un catalogue, d'un manuel technique, d'un essai…

« Feuilleter » fait penser au survol désinvolte d'un document, à un parcours des yeux indifférent sur des feuilles qui glissent à toute vitesse sous le pouce. On peut être sceptique. C'est un tort. C'est une méthode sérieuse et qui a fait ses preuves.

En effet, qui n'a pas commencé par lire en produisant du son dans sa tête l'ensemble des documents un à un et dans l'ordre où ils sont rangés, pour conclure qu'il n'a rien compris ? Qui n'a pas relu et relu et relu tout en recopiant des passages sur une feuille de brouillon, pour reconnaître que ses notes sont bien confuses et qu'il ne sait pas les mettre en forme ?

Le feuilletage est une méthode fiable qui permet de **récolter les informations utiles**, avant de passer à la construction (3ᵉ partie), puis à l'écriture (4ᵉ partie). C'est une étape indispensable à laquelle il faut consacrer un temps équivalent à celui de la rédaction proprement dite.

Grâce au feuilletage, on ne s'attarde pas sur les passages qui n'apportent rien.

Définir un objectif

Voir la fiche 5

Il est impossible d'accomplir ce travail d'exploitation d'un dossier quand on ne sait pas exactement quel type d'information il faut retenir. À moins d'avoir soi-même besoin d'une fiche qui rassemble les éléments du dossier susceptibles d'être utiles à son poste de travail, on dispose rarement (et malheureusement) d'une requête claire et précise.

Lorsqu'on fait ce travail pour son responsable, l'objectif donné est le plus souvent « Faites-moi un mémo là-dessus ». Le « mémo » n'est pas répertorié dans la liste des documents professionnels. C'est un mot passe-partout qui peut désigner n'importe quel résultat écrit (post-it, agenda, message, mémoire, état des comptes, bon de commande…). Le « mémo » est apparu dans le vocabulaire de l'entreprise dans les années 1970, inspiré sans doute par le « mémorandum* » diplomatique utilisé dans les hautes sphères du gouvernement. Il n'y aurait rien à reprocher au « mémo » s'il désignait un document bien cadré.

En l'occurrence, rien n'interdit de demander à la personne qui confie le travail ce qu'elle en attend. Quel type d'informations souhaite-t-elle qu'on fasse apparaître ? De quoi a-t-elle besoin et dans quel domaine ? Veut-elle des informations immédiatement utilisables pour une opération bien précise ? L'idée est de partir avec une question en tête, de manière à ne relever que les informations qui répondent à cette question.

Dans le cadre d'un concours administratif, on dispose d'un sujet dont il faut prendre le temps de peser chaque mot et d'en déduire une direction, voire déjà un plan (par exemple : réforme/avantages/inconvénients ; sens de la directive/changements à apporter ; quoi/pour quels résultats/que faire à notre niveau). N'ayez pas peur d'accorder cinq à dix minutes à cette réflexion.

> « Il n'est pas de vent favorable pour celui qui ne sait où il va. (Sénèque) »

S'appuyer sur le sommaire et forger une hypothèse de contenu

Un dossier administratif est précédé d'une fiche de présentation énumérant les pièces, leur date, leur intitulé. En prenant le temps de réfléchir à ces intitulés et en rapprochant le résultat de cette réflexion de l'objectif que l'on s'est fixé, on peut déjà identifier les pièces qui ont le plus de chances de nous rendre service. On peut aussi déduire qu'une pièce plus récente risque de démentir une partie du contenu d'une pièce plus ancienne.

Si on a une liasse de pièces hétéroclites non répertoriées, il faut les feuilleter en ne regardant que les titres et sous-titres afin de mettre en évidence un thème commun. Si cela se révèle impossible, le mieux est de partir à la recherche d'informations nouvelles et/ou intéressantes et/ou importantes, comme c'est le cas pour une revue de presse.

Le même travail est possible sur un livre. Il possède un sommaire ou une table des matières, un résumé, des notes, un index et parfois un glossaire. Prendre connaissance en premier lieu de cet environnement permet de déterminer avec certitude le sens dans lequel le sujet va être traité. L'index et le glossaire familiarisent avec le vocabulaire de l'ouvrage et permettent de se reporter aux passages susceptibles de rapprocher l'objectif fixé.

À moins que le domaine ne soit très spécialisé, il n'est pas utile de maîtriser le sujet pour feuilleter un dossier. Néanmoins, un manque de vocabulaire est un immense handicap et peut engendrer des contre-sens aux conséquences parfois désastreuses.

> À l'issue de cette étape, le texte n'a pas été consulté,
> mais les documents sont devenus familiers.

Sélectionner les parties de texte à approfondir

▶ Les pièces sans intérêt ont été écartées.
▶ Un ordre de consultation a été déterminé.
▶ On dégage le sens général des pièces qui restent (*voir la fiche 8*).
▶ On raye les paragraphes jugés sans intérêt pour le travail présent.
▶ On trace un trait vertical le long des paragraphes censés servir.

▌ On peut inscrire un repère (*voir la fiche 9*) ou deux mots dans la marge de ces mêmes paragraphes.

Ce travail peut se faire à partir d'un livre. Il faut considérer l'ouvrage comme un immense texte avec une conclusion et une introduction ; des parties ayant elles-mêmes une conclusion et une introduction ; des paragraphes en triangle, triangle inversé ou mixte. Un texte articulé par des mots outils et contenant des mots clés.

Il ne faut pas attendre de cette étape plus que son objectif.

La seule limite à cette méthode est le manque de vocabulaire et le manque de culture générale.

Il faut oser, essayer, pratiquer.

Décortiquer les passages sélectionnés à l'issue de l'étape précédente

Il s'agit à cette étape de faire appel aux vieilles habitudes d'élève sérieux, qui souligne des mots ou des phrases et qui prend des notes pour étudier une matière nouvelle. De faire, en fait, ce qu'on aurait été tenté de faire dès le premier mot de la première phrase de la première pièce du dossier ; mais de ne le faire que sur les passages que le travail précédent a permis de retenir :

▌ Peser chaque mot.

▌ Vérifier leur sens.

▌ Séparer les propositions pour les comprendre individuellement de l'ensemble de la phrase.

▌ Relier ce qu'on vient de comprendre avec ce qu'on a déjà compris en le reformulant.

▌ Reformuler dans son propre langage.

▌ Ne pas répéter l'information telle qu'elle est écrite.

▌ Ne pas la recopier telle qu'elle est écrite.

▌ Prendre des notes opérationnelles (*voir la fiche 10*).

La recherche d'information constitue 50 % du temps de rédaction.

À RETENIR

- Ne pas se désespérer en soupirant devant l'épaisseur du dossier.

- Ne pas commencer à lire dans l'ordre sans s'être posé de questions.

- Ne pas surligner ce qui nous semble important sans avoir identifié ce qu'on cherche.

- Ne pas prendre de notes qui ne font que recopier des phrases entières.

- Ne pas se mettre à rédiger pendant qu'on est en train de prendre connaissance des documents.

Mais :

- Au besoin, se faire préciser la requête et en déduire un objectif.

- Survoler l'ensemble des pièces et en déduire comment atteindre l'objectif.

- Repérer les passages contenant l'information nécessaire.

- Revenir chercher l'information dans les passages sélectionnés.

- Classer cette information en prenant des notes arborescentes.

- En déduire le plan à suivre.

- Rédiger la synthèse (*voir la fiche 18*) uniquement à partir des notes.

PRENDRE DES NOTES OPÉRATIONNELLES

Prendre des notes doit déjà représenter le brouillon du texte à produire à partir de ce qu'on lit ou de ce qu'on écoute. Sachant qu'il est humainement impossible de noter mot à mot, sur le fait, un discours et encore moins un débat, il est indispensable de s'organiser, d'autant plus que l'objectif de la prise de notes n'est pas toujours le même.

Se mettre en condition pour que les notes soient utiles

▶ Se motiver : on ne peut pas prendre de notes exploitables en n'étant pas motivé.

▶ Être attentif autant à ce que l'on perçoit qu'à ce que l'on note.

▶ Se tenir au courant de ce qui intéresse notre milieu professionnel.

▶ Améliorer sans cesse son vocabulaire (*voir la fiche 7*) pour comprendre et pour reformuler.

▶ Se constituer un répertoire d'abréviations.

▶ S'entraîner pour être toujours plus rapide tout en restant fiable.

On ne note QUE ce qui répond à l'objectif.

Diviser la feuille en cases destinées à recueillir un type d'information bien précis.

Date : Lieu / Dossier / Destinataire : Question à régler :		
Après	Pendant : ce qui est dit	Pendant : ce que j'en déduis
Après la lecture ou l'écoute, je donne un ordre logique en numérotant ou en titrant.		

Il est indispensable de séparer ce que l'on recueille de ce que l'on pense. Si l'objectif est de rédiger un document qui demande de rapporter des informations en toute neutralité, ce que l'on pense sert à réfléchir, mais ne doit pas influencer le document. Inversement, si l'objectif est de rédiger un document qui apporte des propositions pour résoudre un problème, ces propositions découleront des réflexions que nous aura inspirées l'écoute ou la lecture.

La feuille doit être judicieusement cloisonnée en fonction :
- du matériel à exploiter :
  - documents législatifs ou réglementaires,
  - ensemble de documents internes,
  - presse,
  - livre, manuel, essai,
  - témoignage oral, réunion ;
- du type de document à rédiger :
  - message, courriel, lettre ou note,
  - analyse, synthèse,
  - compte rendu, rapport ;
- de l'intérêt du destinataire :
  - pour information,
  - pour action…

Date :
Lieu / Dossier / Destinataire :
Question à régler :

	Doc. 1	Doc. 2	Doc. 3
Aspect financier			
Aspect technique			
Aspect RH			
Aspect commercial			
Aspect juridique			

Date :
Lieu / Dossier / Destinataire :
Question à régler :

	Fait 1	Fait 2	Fait 3
Qui ?			
Quoi ?			
Comment ?			
Combien ?			
Où ?			
Quand ?			
Pourquoi ?			

Date :
Lieu / Dossier / Destinataire :
Question à régler :

	Secteur 1	Secteur 2	Secteur 3
Méthodes			
Matières			
Matériel			
Milieu			
Main-d'œuvre			

Date :
Lieu / Dossier / Destinataire :
Question à régler :

	M. X	Mme Y	M. Z
Objectifs			
Suggestions			
Responsabilités souhaitées			

Date :
Lieu / Dossier / Destinataire :
Question à régler :

	M. X	Mme Y	M. Z
Désaccords			
Vote			
Décisions retenues	Décision n° 1 : ... Décision n° 2 : ... Décision n° 3 : ...		

Date :
Lieu / Dossier / Destinataire :
Question à régler :

	Action 1	Action 2	Action 3
Objectif			
Actions			
Indicateurs de résultats			
Moyens			
Responsable			
Date d'achèvement			

> Les notes ne sont pas faites pour être exploitées
> par un autre que celui qui les a prises.

Utiliser tout schéma ou graphe susceptible de simplifier l'idée

En fonction du sujet traité, créez un ou plusieurs diagrammes ou :
- organigrammes (hiérarchisation) ;
- ordinogrammes / logigrammes / Skinner et Anderson (chemins logiques) ;

- Ishikawa / arbres des causes (changement/résolution de problèmes) ;
- PERT (Program Evaluation and Review Technic) ;
- Gantt (planification) ;
- SCOM (service central d'organisation et méthode) ;
- Hymans (organisation administrative).

> **Prendre des notes, c'est comprendre puis reformuler l'idée avec ses propres outils.**

Classer les idées au fur et à mesure dans une arborescence

- Avoir préparé des feuilles avec emplacement pour noter date, lieu, origine des informations et objectif.
- Écrire l'objectif au centre de la feuille.
- Dès qu'une information répond à l'objectif, faire partir une branche.
- Noter les détails utiles sous forme de ramification de chaque branche.
- Utiliser des abréviations et des symboles.
- Inventer ses propres pictogrammes.
- Éventuellement, utiliser des stylos de différentes couleurs.

On peut prendre des notes arborescentes en réunion, en lecture, en réflexion… On peut les utiliser comme simple brouillon, passage entre la forme dans laquelle on reçoit l'information et la forme qu'on lui donnera pour la conserver ou la transmettre. Ce support peut s'archiver tel quel (à condition qu'on ait suffisamment de méthode pour être capable de se relire en produisant du sens). Il peut aussi servir à un exposé mieux qu'un texte rédigé, puisqu'il permet un discours plus naturel pouvant être adapté à un auditoire et à ses questions. Enfin, il classe l'information pendant qu'on la reçoit, ce qui ébauche le plan à partir duquel on peut rédiger.

On peut dire que cette prise de notes est naturelle, car le schéma se construit sur le même principe que notre structure mentale. En effet, rien ne s'entasse par couches dans notre mémoire, mais les informations nouvelles viennent se rattacher à ce qui est déjà connu et construit. Ainsi, elles permettent toujours l'insertion d'éléments nouveaux dans une ramification.

Tout comme les questions nous viennent dans la vie courante parce qu'un espace vide apparaît dans notre structure mentale, une branche peu développée provoquera des questions. En cela, la prise de notes arborescente aide à l'attention, à la motivation et à la compréhension.

Tout changement de méthode demande une période d'adaptation.

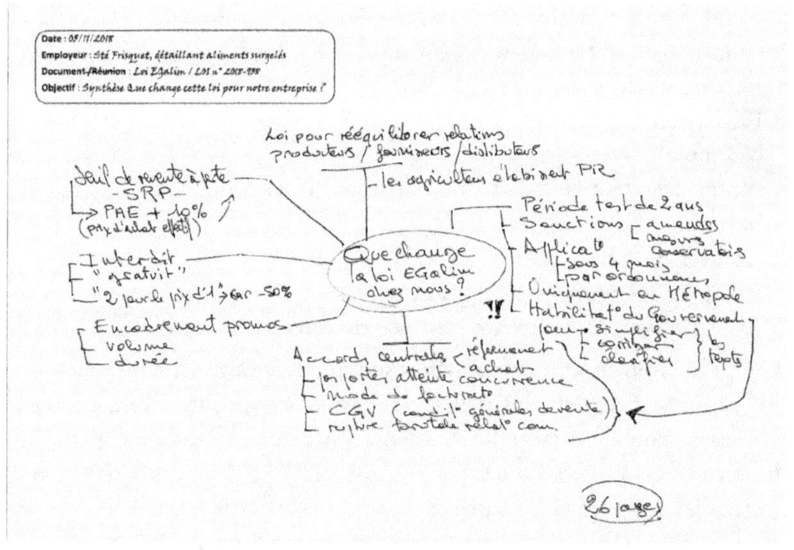

Figure 10.1

Le texte intégral se trouve : https://www.legifrance.gouv.fr/affichTexte.do?cidTexte=JORFTEXT000037547946&categorieLien=id

Créer son propre lexique d'abréviations et symboles

Abréviations

ar	arrière		av	avant
int	intérieur		ext	extérieur
imp	importation, importé		exp	exportation, exporté
tjr	toujours		pdt	pendant
tps	temps		lgtps	longtemps
max	maximum		min	minimum
gd	grand		Pt	petit
qqn	quelqu'un		qqch	quelque chose
ts	tous		Tt	tout
qd	quand		cb	combien
qcq?	qu'est-ce-que?		Ds	dans
pb	problème		bcp	beaucoup
nbr	nombre		nbrx	nombreux
da	dix fois (déca)		D	dix fois moins (déci)
k	cent fois (kilo)		M	mille fois (méga)
G	un million de fois (giga)		T	un milliard de fois (téra)
W	travail (*work*)		W^R	travailler
dom	domicile, maison		bull	bulletin
bd	boulevard		dr.	droit
c/o	confié à (*care of*)		tech	technique, technicien
obs	observation		Sc	science, scientifique
pex	par exemple		pers	personne, personnel

sl	sans lieu, on ne sait pas où	slnd	on ne sait ni où ni quand
sq	suivant	sup	supérieur
r°	recto	v°	verso

Cette liste est loin d'être exhaustive.

Symboles mathématiques, logiques, trombinettes, chinures, graffitis

+	plus, positif, bon, bien	Ø	vide, nul, rien, néant, improductif
−	moins, négatif, mauvais	∩	intersection, points communs
+ + +	très positif, très bon, performant	∪	union, association, regroupement
±	plus ou moins, incertain	⊄	pas inclus dans
<	inférieur à, plus petit que	⊂	inclus dans, contenu
>	supérieur à, plus grand que	⊆	contenu dans ou se confondant
≅	douteux, suspect, hasardeux	∈	appartient à, incombe, dépend de
≤	inférieur ou égal à	∉	n'appartient pas
≥	supérieur ou égal à	⇒	implique, entraîne, induit
≡	identique à, congru, attendu	⇔	réciproque
≈	à peu près égal	~	environ
≠	différent de	↗	croissance, hausse, amélioration, surcroît
=	égal à, de même valeur	↘	décroissance, baisse,
÷	diviser, séparer	↵	retour en arrière, régression
f	en fonction de, selon	− /→	sans effet sur
¬	contraire, opposé, non qqch	→	à cause de, tend vers

F	Faisable	-->	succession, un après l'autre
Ⅎ	Infaisable	∞	infini, interminable, trop long
Δ	étranger, hors sujet, pas du tout	∇	bien ciblé, concerne tout à fait
μ	micro, petit	Σ	somme, ajouter, accumuler
Ψ	psychologique (psi)	⊥	perpendiculaire
φ	physique (phi)	α	début, commencement
λ	n'importe qui, n'importe quoi (lambda)	ω	fin, aboutissement
//	parallèle, concomitant	∠	examiné sous l'angle de…
x	inconnu	Y	autre, inconnu
N	naturel, normal	?	incompréhension, pourquoi ?
Z	relatif à, se rapporte à	??	doute
Q	rationnel, de qualité	!	important, dangereux, attention !
R	réel, vrai	≪	très inférieur à
∃	est, existe	≫	très supérieur à
∄	n'est pas, n'existe pas	¢	centime, pauvreté, pas cher
∀	quel que soit	S	variable
D	déterminant	†	abandonné, avorté, mort

À RETENIR

- Ne pas prendre des notes pour quelqu'un d'autre dans un domaine qu'on ne connaît pas.

- Ne pas essayer de noter mot à mot ce qui est dit, c'est humainement impossible.

- Ne pas enregistrer pour recopier tranquillement, cela prend trois fois plus te temps.

- Ne pas prendre des notes de façon linéaire, on a de fortes chances de ne pas s'y retrouver.

Mais :

- Avoir un objectif de prise de notes.

- Préparer la prise de notes, s'informer, s'impliquer, attendre des réponses.

- Préparer un tableau prêt à recueillir ces réponses ou classer les informations dans une arborescence.

- Titrer, dater, souligner, flécher…

- Exploiter ses notes immédiatement ou au plus tard le lendemain.

GÉRER SON TEMPS DE LECTURE

On ne peut pas planifier son travail quand on ne connaît pas le temps que nous prennent nos différentes tâches. Gérer son temps ne signifie pas faire absolument entrer un maximum de tâches dans une journée. Procéder ainsi conduit immanquablement à l'échec, car on ne peut pas réaliser une tâche en moins de temps qu'il ne faut pour l'accomplir. Il en est de même pour les tâches d'exploitation de texte et de rédaction. Disposer de trois heures pour produire une dissertation relève du travail scolaire ; dans le milieu professionnel, le raisonnement doit être inversé. Un planning et une organisation générale de l'exploitation des documents peuvent être ainsi établis.

Placer un filtre à l'arrivée des documents

Dégager rapidement l'idée générale de chaque texte

Voir la fiche 8

Répartir le courrier du jour dans trois corbeilles et un échéancier

- La **corbeille à papier** pour tout ce qui n'aide pas à atteindre **l'objectif du poste** ;
- la **corbeille d'envoi** pour ce qui ne mérite pas la corbeille à papier et doit être transmis au poste compétent*, et ce qui nécessitait un visa*, une mention, une signature*, un coup de tampon*, un renseignement… bref, ce qui a été fait aussitôt ;
- la **corbeille à traiter** dans la journée pour ce qui concerne le poste et qui est attendu le jour même ou le lendemain. Les

documents y sont classés en fonction de leur importance, de leur urgence et de la difficulté qu'ils représentent pour le rédacteur. Ce degré de difficulté peut tenir à la nouveauté du sujet, au manque de compétence dans le domaine abordé, inversement au sujet archi-connu… La difficulté peut aussi tenir au moment de la journée où il sera préférable de faire le travail qui demande de la concentration en fonction de sa propre forme et de la baisse des sollicitations ;

▸ l'**échéancier** pour tout ce qui doit être traité à une date ultérieure précise :

- Il s'agit d'un classeur à 32 onglets dans lequel les documents sont placés à la date où ils doivent être traités pour parvenir dans les délais à leur destinataire. C'est là qu'il est utile d'avoir calibré son temps de traitement de chaque type de document (*voir la fiche 11*).
- Les documents qui peuvent être traités le mois suivant sont placés à l'onglet 32. Ils sont répartis dans les onglets à chaque changement de mois.
- Chaque matin, les documents qui se trouvent à l'onglet du jour sont intégrés dans le classement de la corbeille « à traiter dans la journée ».

En pratiquant cette méthode (et en ne cédant pas aux sollicitations oiseuses), on se trouve rarement dans une situation de stress. D'autant plus qu'un document classé pour traitement à échéance lointaine peut se révéler inutile au moment prévu pour le traiter (et ce n'est pas rare) : changement de la politique d'entreprise ; réunion, visite, salon, congrès annulés…

Ne pas confondre urgence et importance

Est important ce qui entre sans aucun doute dans l'objectif du poste. Le reste n'a pas d'importance et doit être transmis au poste compétent ou jeté.

Est urgent ce qui doit être remis à une date proche. L'urgent qui n'est pas important concerne un autre rédacteur.

Un travail important ne devient urgent que l'avant-veille du jour où il doit parvenir à son destinataire.

Calibrer son temps de lecture pour chaque type de document

Il s'agit de tenir une grille d'observation du temps de lecture pendant quelques semaines pour que la moyenne soit représentative.

En profiter pour repérer les moments de la journée où on est le plus efficace. En profiter pour repérer les moments où on est le moins sollicité (voir si on peut les grouper).

Grille d'observation des facteurs de déconcentration

7	8	9	10	11	12	13	14	15	16	17	18	19
Lun	XXX	XXX	X				X		X	XX		
Mar			X							XXX	X	
Mer		X		XX		X		XX	XXX	X		
Jeu												

X = sollicitation, dérangement.   = période tranquille

Se fixer des temps de lecture bien précis à des moments bien précis :
- son moment de meilleure forme, en fonction de son propre rythme biologique, pour les documents difficiles (soir, matin, après pause…) ;
- le moment où l'on peut s'isoler ;
- le moment où la majorité des employés fait routinièrement autre chose.

On est bien plus efficace quand on peut s'isoler.

Grille d'observation du temps de lecture

TYPE DE DOCUMENT (LETTRE, CR, ARTICLE DE PRESSE...)	NBRE DE PAGES	OBJECTIF (INFO, AVIS, SYNTHÈSE...)	DIFFICULTÉ (À L'AISE, INCONNU...)	TEMPS	
				ESTIMÉ	RÉALISÉ

Une telle grille permet d'avoir une idée relativement précise du temps que l'on met pour exploiter tel ou tel type de document.

Pendant cette observation, le temps estimé et le temps réalisé doivent devenir quasiment similaires.

Le résultat de cette observation permet de planifier son travail de lecture et de mettre les documents à traiter dans le bon onglet de l'échéancier (*voir la fiche 11*).

Fixer des temps bien précis à des moments bien précis et s'y tenir.

À RETENIR

- Faire résonner dans sa tête tous les mots d'un texte ne garantit pas sa compréhension.

- Pour être efficace, une lecture doit avoir un objectif. Il faut partir à la recherche de tel ou tel type d'information.

- En fonction de son objectif, on pilote sa lecture en adaptant sa stratégie à la densité d'informations rencontrée.

- La construction des textes et de leurs paragraphes suit une logique qui, si on la connaît (et si l'auteur est bon), permet de connaître très rapidement l'idée générale d'un texte et l'architecture du raisonnement qui la démontre.

- Aucune méthode de lecture ne sert quand on manque de vocabulaire.

- Il existe des moyens pour faire travailler ses yeux et gagner en efficacité de lecture.

- Les notes que l'on prend pendant une lecture doivent être adaptées à l'usage qu'on leur destine.

- Prendre des notes de lecture, ce n'est pas recopier un texte.

- Chacun crée ses outils pour faciliter sa prise de note et leur exploitation : des notes, c'est personnel.

- Chacun doit connaître sa capacité de lecture dans le rapport documents exploités/temps, pour intégrer ce travail à son emploi du temps quotidien.

- Les travaux de lecture doivent également être répartis dans le temps en fonction de leur importance et de leur urgence.

Partie III

CONSTRUIRE UN DOCUMENT COHÉRENT

CONSTRUIRE UN MESSAGE

Tout écrit transmettant une information pourrait être qualifié de message. Nous réservons cependant ce mot à l'expression brève d'une information, par exemple :

- une idée qui se forme après une discussion et qu'on trouve utile de suggérer ;
- un coup de téléphone reçu en l'absence de la personne concernée ;
- un incident* qu'il faut faire connaître au responsable du service dans lequel il est survenu ;
- une information lue ou entendue qui peut concerner une personne en particulier ;
- le rappel d'un événement imminent…

Cela peut sembler évident, mais il est indispensable d'envoyer le message à la ou aux bonnes personnes, ceux et celles à qui cette information va vraiment servir et/ou à la personne qui doit autoriser une action ou qui portera la responsabilité de ses conséquences.

Une autre porte ouverte mérite d'être enfoncée : le rédacteur du message doit avoir compris l'information qu'il a à transmettre. C'est le seul moyen pour qu'il trouve les mots et la syntaxe adaptés.

Moins connue est la nécessité de ne traiter qu'un seul sujet par message, quitte à faire parvenir plusieurs messages simultanés au même destinataire. Ce principe vaut aussi pour une lettre ou une note. Aborder plusieurs objets dans un message augmente le risque de malentendu et de traitement incomplet de ces multiples objets.

Pour être complet, un message doit répondre aux questions : Qui ? Quoi ? Comment ? Combien ? Où ? Quand ? et Pourquoi ? si tant est que le messager possède toutes les réponses. Mais il fait partie de sa fonction de poser ces questions à l'émetteur du message, voire de se renseigner. Un formulaire aide à ne négliger aucun détail (*voir la fiche 42*).

> « Ce que l'on conçoit bien s'énonce clairement
> Et les mots pour le dire arrivent aisément » (Nicolas Boileau, 1674)

Pour rédiger de manière concise le formulaire, voir les fiches 25, 26 et 27.

À RETENIR

Quel que soit le moyen de transmission utilisé, le message doit être :

- le plus bref possible ;
- clair ;
- adapté au destinataire ;
- complet ;
- sans détails superflus ;
- sans effets de style.

TRANSMETTRE UN MESSAGE SUR UNE CARTE DE VISITE

La carte de visite est un support pratique pour transmettre un message bref tout en laissant l'ensemble des coordonnées pour nous joindre.

Différencier carte professionnelle et carte privée

Notre carte de visite professionnelle actuelle est l'héritière des cartes d'adresses utilisées par les commerçants, au moins depuis le XVIIe siècle (aucun exemplaire antérieur à 1622 ne nous étant parvenu). Ces cartes étaient illustrées et servaient aux mêmes fins que la carte d'un restaurant qu'on emporte, de nos jours, pour pouvoir communiquer une bonne adresse. Celles d'aujourd'hui sont peut-être plus sobres qu'autrefois (quoique…).

Nos cartes professionnelles sont destinées à laisser une trace, non seulement dans le porte-cartes de notre contact, mais aussi dans sa mémoire. Elles rivalisent d'originalité mais attention, trop d'originalité peut nuire et c'est parfois le dépouillement qui marque les esprits.

La carte de visite de particulier n'existe que depuis le XVIIIe siècle. Ce petit bout de bristol portant uniquement le prénom et le nom (éventuellement accompagnés d'un titre ou d'un grade) servait de mémo à une maîtresse de maison pour savoir qui lui avait rendu visite et agir en conséquence. Lorsque le visiteur n'avait trouvé personne, il avait corné le coin gauche de sa carte. On s'empressait alors de lui rendre visite ou de l'inviter. Ces pratiques ne subsistent que dans le corps diplomatique.

Dans la France moderne, la carte de visite est devenue un moyen pratique de laisser ses coordonnées, en tant que particulier ou que professionnel. La façon de les concevoir peut dévoiler un fragment de la personnalité de celui qui les diffuse. Elles servent aussi à envoyer un court message pour, par exemple, répondre à une invitation, présenter ses vœux, ses remerciements, ses félicitations…

> **La carte professionnelle doit laisser une trace dans les classeurs, mais aussi dans les mémoires.**

Composer sa carte de visite

Se poser des questions de ce genre :

- À quelles sortes de **correspondants** sont-elles destinées ?
  - Sont-elles destinées à tous mes visiteurs ou à une catégorie seulement ?
  - Vais-je les agrafer à mes lettres de prise de contact ?
  - Vais-je m'en servir à l'étranger ?
- Qu'est-ce que je veux **faire savoir** de moi, de mon métier ?
  - Est-ce que l'appellation technique de mon métier est parlante pour tout le monde ?
  - J'explique ou je ne dis rien ?
  - Est-ce que je veux faire connaître mon statut ; est-ce que ça m'avantage ? Partout ?
  - Est-il utile qu'on connaisse le poste que j'occupe ?
  - Est-ce que je veux me cacher derrière l'entreprise ou apparaître en tant que personne ?
- Quelle **image** veux-je donner de moi, de mon entreprise ?
  - Est-ce que je veux donner l'image d'un métier traditionnel ?
  - Est-ce que je veux donner une image soucieuse de l'environnement ?
  - Est-ce que je veux donner une image sérieuse et technicienne ?
  - Est-ce que je veux donner une image créative, inventive ?
- De quelle **manière** vais-je la transmettre ?

- Est-ce pour donner de la main à la main à la fin d'un entretien, en guise de mémo ?
- Est-ce pour déposer en paquet dans des endroits stratégiques en rapport avec mon métier : office de tourisme, pharmacie, salles de sport… ?
- Est-ce pour servir de carte de correspondance ?

▶ Dans quelles **circonstances** vais-je la transmettre ?
- Est-ce que j'aurai l'occasion de la remettre lors de grandes cérémonies ?
- Est-ce que je la distribuerai en guise de publicité ?
- Est-ce que je m'en servirai pour envoyer mes vœux ou mes félicitations ?

▶ À quel **moment** vais-je la transmettre ?
- Après un repas d'affaires ?
- Au début, quand je suis reçu en rendez-vous ?
- Quand on me présente des clients japonais (leur rituel est très précis) ?

▶ Quel **effet** veux-je que cette carte engendre ?
- Mes confrères sont hyper-sérieux et je veux paraître décontracté ?
- Mes confrères passent pour des baba-cool et je veux paraître sérieux ?
- Je fais un métier créatif et il faut que je me montre doué ?
- Je veux qu'on se dise que je suis sympathique ?
- Je veux qu'on me trouve stylé, intemporel vieille-France, *old-britain* ?
- Je veux qu'on me sache pointu dans mon domaine ?

En fonction des réponses à ces questions, et avec le concours d'un graphiste, on optera pour :
▶ des couleurs vives ou sobres ;
▶ des motifs ou de l'uni ;
▶ une police dépouillée ou complexe (attention, ces dernières sont souvent peu lisibles !) ;
▶ la mention du métier et du poste ou pas ;
▶ le logo ou pas ;

- un QR-code ou pas (après avoir fait super-branché, ça fait maintenant ringard) ;
- une photo ou pas (après avoir impressionné un temps, ça fait prétentieux).

Des préjugés naissent à partir d'une carte de visite.

Choisir le format de sa carte de visite

Les cartes de visite qui s'échangent de la main à la main correspondent le plus souvent à un format A8, c'est-à-dire 5,2 × 7,4 cm. Elles offrent trop peu d'espace pour qu'on puisse y écrire un message. De plus, La Poste n'achemine pas les plis inférieurs à 9 × 14 cm.

Pour des bristols faisant office à la fois de carte de visite et de carte de correspondance, mieux vaut choisir le format A7, soit 7,4 × 10,5 cm.

Le format 9,9 × 21 cm convient cependant mieux aux cartons de correspondance. Ils s'expédient comme les lettres au format A4 pliées en trois, dans des enveloppes DL soit 11 × 22 cm.

Les cartes de visite les plus courantes sont orientées paysage, mais rien n'interdit une orientation portrait. Il se peut toutefois que cette disposition entraîne un manque de lisibilité.

Si l'on prévoit d'écrire à la main sur les cartes, penser à réserver une zone inscriptible et bannir le papier toilé ou gaufré qui produira des traits en escalier.

Figures 13.1, 13.2 et 13.3. Exemples de cartes
de visite professionnelles

Les cartes doivent rester lisibles.

Respecter les convenances

La classe

Dans de grandes circonstances officielles, dans toutes les circonstances, si votre interlocuteur est quelqu'un d'attaché aux traditions,

le rédacteur comme le destinataire sont traités à la troisième personne du singulier :

Le Colonel Guy Deguerre-Lace prie Monsieur Lefranc d'accepter ses félicitations à l'occasion de sa promotion au grade d'officier de la légion d'honneur

Anna Korète avec ses félicitations pour l'heureuse promotion de Monsieur Lefranc

Employé fréquemment mais toujours prohibé par les puristes en dehors des faire-part

Le rédacteur se traite à la troisième personne du singulier et le destinataire à la deuxième du pluriel :

Yvan Dépêche Directeur commercial est heureux de vous faire part de sa nomination au grade d'officier de la légion d'honneur

Le Docteur Anna Filaksy vous remercie et vous présente à son tour ses meilleurs vœux pour l'année 2020

Pour faire office de carton de correspondance[1]

Le nom et la fonction sont barrés à la main.

Le message commence par une formule d'appel et se termine par un paraphe*.

~~*Marc Lefranc directeur juridique*~~ *: Madame, Je vous remercie d'accepter d'intervenir. ML*

---

1. Ne jamais utiliser une carte de visite ou un carton de correspondance pour des condoléances.

LES BONS USAGES

- Les invitations s'envoient quinze jours avant la date de la réception.

- Les vœux de fête ou d'anniversaire se postent l'avant-veille.

- Les vœux de bonne année ne se postent que les 30 & 31 décembre ; dès le 25 s'ils s'adressent à quelqu'un à qui on veut exprimer son respect.

- Les vœux s'envoient de subordonné à supérieur[1] ; de jeune à plus âgé ; d'homme célibataire ou veuf à des personnes mariées ; d'homme à femme ; de ménage à femme célibataire.

- Les remerciements s'expriment dans la semaine qui suit une invitation ou un cadeau.

1. Lorsqu'on envoie ses vœux dans le cadre du travail, on les adresse personnellement et non pas au couple.

CONSTRUIRE UNE LETTRE OU UNE NOTE

Une lettre est un document qui s'adresse à un étranger à l'entreprise ; une note est le même type de document, mais elle circule au sein du personnel de l'entreprise.

Il serait inconséquent* de préconiser un contenu précis pour les lettres en fonction du secteur duquel elles émanent (administration, entreprise, particulier) et en fonction de l'occasion (accord, refus, demande…) qui les rend nécessaires. Le contenu d'une lettre dépend essentiellement de l'objectif de celle-ci en corrélation avec le moment de sa rédaction.

Connaître l'objectif de la lettre ou de la note

Cet objectif ne s'invente pas ; il découle du moment, du destinataire, de la politique de l'entreprise et/ou de la réglementation.

Propos / Objectif	Intéresser	Exposer	Projeter
Vendre	Mettre en scène une situation où le prospect a le problème pour lequel on a la solution.	Présenter la solution de façon adaptée au prospect avec témoignages + prix avantageux.	Indiquer la voie à suivre pour commander, les facilités d'achat, de livraison…
Intéresser un recruteur	Ce qu'on connaît de l'entreprise ; comment on a appris le recrutement.	Ce qu'on a fait de notoire en rapport avec l'emploi postulé.	Souhaiter une rencontre pour développer les points de compatibilité.

Propos Objectif	Intéresser	Exposer	Projeter
Réclamer	Ce qui s'est passé ; ce qu'on a acheté quand et où.	Le problème (panne, casse, retard).	Demander ce que le fournisseur compte faire.
Répondre à une réclamation	Remercier d'avoir été mis au courant.	Reconnaître le dommage et s'en excuser.	Proposer une compensation ou demander ce que souhaite le client.
Refuser	Accuser réception précisément de la demande.	Donner une raison valable pour le refus.	Ouvrir sur un avenir positif.

Il n'existe pas de lettre type ; il y aura toujours des variables.

Trouver l'information nécessaire

Voir la fiche 3

À moins que le rédacteur soit un responsable qui fait lui-même part de sa décision propre, le but du rédacteur est une information objective qui ne doit trahir aucun avis personnel. Il écrit en lieu et place de l'entreprise à laquelle il appartient et, même si la lettre qu'il rédige exprime une décision, ce n'est pas la sienne en tant qu'individu.

En conséquence, il doit faire taire son imagination, ses capacités d'improvisation, ses interprétations, son avis personnel pour faire surgir les éléments d'information à faire apparaître dans sa lettre :

- Se reporter à la fiche 3 sur la prise de notes et utiliser, en l'occurrence, un tableau à deux colonnes et autant de lignes que nécessite le cas à traiter.
- Découper les détails du cas à traiter dans chaque case de la colonne de gauche et noter en regard dans la colonne de droite les réponses qu'apportent soit la politique générale de l'entreprise, soit les consignes d'un responsable, soit les textes réglementaires.

LE CAS	LES ÉLÉMENTS DE RÉPONSE
Lettre du 20/11/18	
M. Alain Firmery	
– résidant à Menton	
– sollicite du préfet maritime 3ᵉ région	Préfecture maritime Bureau des affaires civiles en mer ⇨ Il s'adresse au bon endroit
– autorisation pour ULM	arrêté du 13/3/86 – article 4
– et se poser sur plan d'eau près chez lui	Direction interrégionale des douanes ⇨ plan d'eau trop proche frontière italienne ⇨ NON

Rédiger sa lettre uniquement à partir de ces notes.

Faire entrer l'information dans un plan efficace et complet

Un plan de lettre comprend trois parties :

▶ Une reformulation du **motif** qui a rendu la lettre nécessaire :
- une demande à faire auprès d'une autorité, d'un fournisseur, d'un ministère…
- une demande reçue à laquelle il faut répondre ;
- une information à faire connaître…

Appelons ce paragraphe **PASSÉ.**

▶ Un constat de l'**état actuel** des choses :
- ce à quoi contraint la loi ;
- la ligne de conduite que s'est fixée l'entreprise ;
- les réalisations majeures du candidat à un poste ;
- l'information à faire connaître.

Appelons ce paragraphe **PRÉSENT.**

▶ Ce que l'émetteur **prévoit** de faire ou ce qu'il invite à faire :
  – Dans ces circonstances l'émetteur doit agir, autoriser, refuser, s'excuser…
  – Dans ces circonstances le destinataire devra s'inscrire, monter un dossier, s'adresser ailleurs…

Appelons ce paragraphe AVENIR.

L'impasse est souvent faite sur le premier paragraphe, le rédacteur se disant « Il sait très bien ce qu'il a demandé ». C'est oublier que la lettre doit être **comprise indépendamment de tout autre document**, dans les circonstances qui l'ont motivée, que ce soit ailleurs ou dans le futur.

Ces trois paragraphes peuvent être intervertis, notamment par diplomatie.

Il peut être intéressant de parler d'AVENIR d'abord lorsqu'on a une bonne nouvelle à annoncer ou l'on peut préférer exposer le PRÉSENT en premier, puis passer à son explication (PASSÉ). Cela ne relève plus de la technique, mais du tact, de la stratégie, de la finesse.

> Une lettre transmet une information, mais aussi laisse une trace.

Rédiger

Respecter le vocabulaire, l'orthographe, la grammaire et la syntaxe de la langue française.

Être précis, mais concis ; coller à la réalité et rester courtois.

Présenter

Respecter la normalisation ou la charte graphique de l'entreprise.

Exemples

A. Passé, Présent, Avenir
Par votre lettre en date du 20 novembre 2018, vous me demandez si vous pouvez poser votre ULM sur le plan d'eau situé près de votre domicile mentonasque.

Or la commune de Menton ne s'étend pas au-delà de 4 km de la frontière italienne. Son territoire se trouve donc dans une zone considérée comme impropre à l'atterrissage d'ULM, par l'arrêté du 13 mars 1986.

En conséquence je ne puis accéder à votre demande.

B. Avenir + Passé, Présent

Je ne puis accéder à la demande d'autorisation d'atterrissage en ULM sur le plan d'eau situé près de votre domicile mentonasque, que vous m'adressez par lettre en date du 20 novembre 2018.

En effet, la commune de Menton ne s'étendant pas au-delà de 4 km de la frontière italienne, son territoire se trouve dans une zone considérée comme impropre à l'atterrissage d'ULM, par l'arrêté du 13 mars 1986.

C. Présent, Avenir + Passé

La commune de Menton ne s'étendant pas au-delà de 4 km de la frontière italienne, son territoire se trouve dans une zone considérée comme impropre à l'atterrissage par l'arrêté du 13 mars 1986.

En conséquence, je ne puis accéder à la demande de poser votre ULM sur le plan d'eau situé près de votre domicile mentonasque, que vous m'adressez par lettre en date du 20 novembre 2018.

À RETENIR

- Une lettre n'est pas un texte présenté sous une certaine forme, mais un texte faisant foi destiné à remplir une fonction.

- Une lettre se construit après que son objectif a été identifié.

- Une lettre doit permettre à elle seule de comprendre ce qui est demandé ou ordonné, mais aussi dans quelles circonstances elle s'est révélée nécessaire.

- C'est pourquoi une lettre doit rappeler ces circonstances (Passé), transmettre le message proprement dit (Présent) et annoncer ou demander une action (Avenir).

- Ces trois fonctions peuvent être abordées dans l'ordre qui sert le mieux l'objectif de la lettre.

- Pour ce faire, les informations auxquelles répondre ainsi que celles à donner doivent avoir été répertoriées pour n'apporter que les réponses nécessaires ; ni plus, ni moins.

CONSTRUIRE UN CR (COMPTE RENDU) OU UN PV (PROCÈS-VERBAL)

Le compte rendu est un document qui, comme son nom l'indique, rend compte de faits et de dires. Il n'est pas réservé aux réunions. On rend compte d'une mission, d'une visite, d'une lecture, d'un accident, d'un entretien…

En l'occurrence, peu sont ceux qui pensent à rédiger un compte rendu à l'issue d'un entretien. Si on leur en a parlé, ils trouvent cela superflu et fastidieux. Or le compte rendu d'entretien sert à officialiser ce qui a pu être conclu pendant cet entretien. Ainsi, les deux parties sont engagées à respecter ces accords. L'existence d'un tel compte rendu peut être providentielle en cas de litige ou de promesses oubliées.

Analyser la situation

Le compte rendu

Le compte rendu n'est pas, comme il est trop souvent perçu, un travail supplémentaire, accessoire, destiné à remplir les archives et importuner le rédacteur. Le compte rendu a trois fonctions :

- informer du déroulement des faits les personnes qui n'y ont pas assisté et dont certaines doivent prendre une décision à ce sujet ;
- laisser une trace de ces faits pour le cas où il se révélerait nécessaire, plus tard, de les approfondir ou de les prouver ;
- faciliter le travail des personnes dont la tâche dépend de ces faits.

Pour remplir ses fonctions, il doit être clair, soigné, précis, concis et fidèle à la réalité. C'est-à-dire qu'il rend compte, comme son nom l'indique, en toute neutralité, sans aucun commentaire, ni analyse, ni proposition émanant du rédacteur.

La structure du document peut cependant varier en fonction de son objectif immédiat.

On le nomme « procès-verbal » quand, quelle que soit sa forme, tous les participants le signent pour valider ce qui est écrit.

Le procès-verbal

Le procès-verbal est un compte rendu qui, pour remplir sa mission de preuve, comporte les signatures de tous les protagonistes de l'événement (réunion, accident, mission, entretien…). Il prend la structure de compte rendu qui, en considération de la mentalité des acteurs concernés, laissera le moins de prise aux litiges.

À savoir que l'animation d'un débat est cruciale pour la qualité d'un CR/PV. L'intervention d'un animateur aguerri au moment du relevé des faits et dires à consigner permet l'emploi de formes succinctes. C'est-à-dire que cet animateur n'inscrira sous une forme précise que ce qui sera strictement approuvé par l'ensemble des participants. Le document pourra donc revêtir une forme simplifiée, les signatures pourront être recueillies immédiatement et le rédacteur sera soulagé d'un fastidieux travail de composition française.

Le procès-verbal est un compte rendu signé par toutes les parties impliquées.

Choisir la structure de CR/PV adaptée au moment et à l'objectif

Le CR/PV mot à mot et chronologique

Lorsque l'objectif porte sur le déroulement des faits et la forme des propos échangés – cela s'avère indispensable lorsque les personnes qui se sont exprimées sont susceptibles de se dédire –, le rédacteur

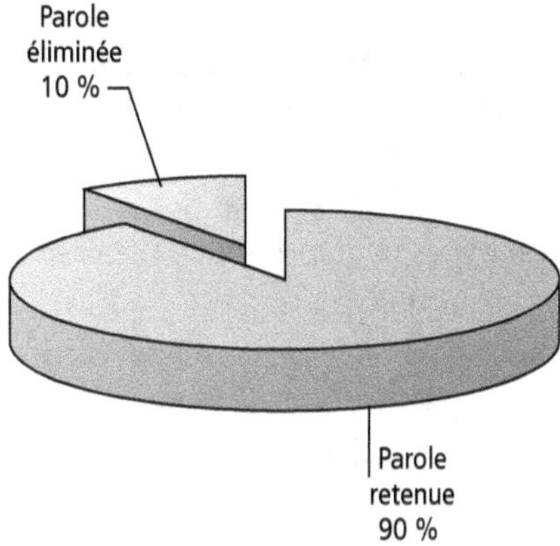

Figure 15.1

est contraint de recueillir la quasi-totalité de la parole puis de la retranscrire à la manière d'un scénario, dans sa formulation d'origine. Ce qui est éliminé est on ne peut plus accessoire : onomatopées, toux, digressions* sur des sujets personnels…

Ce compte rendu est trop long, fastidieux à lire et irritant sur le terrain lorsqu'il s'agit d'y trouver les consignes nécessaires et suffisantes pour mener à bien une action. Il est à éviter impitoyablement en dehors de l'objectif énoncé au début du paragraphe précédent.

En outre, ce compte rendu est irréalisable à partir d'un événement imprévu. Lorsqu'un accident survient, par exemple, il se trouve rarement quelqu'un la caméra au poing et encore moins un sténotypiste prêt à recueillir l'intégralité des propos.

Choisir ce type de CR/PV quand les participants sont pointilleux, prêts à contester.

Le 20 novembre 2018 à 15 h 15, se sont réunis dans la salle Marignan du siège de la XXX, les membres du groupe des correspondants communication.

Étaient présents : madame X, monsieur Y, monsieur Z... Madame W s'est excusée et monsieur U était absent.

L'établissement du cahier des charges concernant la formation de ce groupe nouvellement constitué était à l'ordre du jour de la réunion.

Monsieur Truc anime la séance.

Madame Machin assure le secrétariat.

Avant de passer à l'ordre du jour, l'animateur invite les membres du groupe de travail à faire connaître leurs observations concernant le compte rendu de la réunion du 6 novembre 2018.

Madame Bidule demande que soit ajouté au compte rendu de la réunion précédente p. 4 § B : « L'intéressé resterait dans ses fonctions jusqu'à ce qu'il fasse la demande expresse* de les résigner*. »

L'assemblée approuve.

Monsieur Bitoniau rappelle qu'à l'issue précisément de la réunion du 6 novembre 2018, l'assemblée avait décidé à l'unanimité de cesser de chipoter sur des points de détail concernant les précédents comptes rendus, cela étant la cause principale des pertes de temps.

Cela noté, l'animateur propose d'aborder le sujet à l'ordre du jour.

Monsieur Fourbi fait remarquer que les contestations régulières du précédent compte rendu devraient donner lieu à une formation sur la rédaction du compte rendu de réunion.

Madame Bazar préférerait une formation à la réunion proprement dite car elle estime que les pratiques actuelles engendrent une grande perte de temps.

Monsieur Steuffe soulève le cas de la réunion précédente qui a duré quatre heures sans être vraiment efficace et a nécessité un réajustement du planning de chacun.

Madame Bébeille est favorable à une formation à la réunion.

Monsieur Bitoniau propose d'envisager une formation à la gestion du temps puisque le problème semble se situer là.

Monsieur Destreza regrette cette segmentation du besoin et estime qu'une formation pourrait regrouper ces différents aspects.

Madame Machin demande si certains des participants se sont informés sur les programmes de formations.

Monsieur Destreza explique que les organismes de formation sont à même d'adapter leurs produits aux besoins spécifiques de leurs clients.

Monsieur Truc rappelle la mission de relais d'information entre personnes et services qui a été à l'origine de la création du groupe et souligne l'importance de l'aspect communication que devra revêtir cette formation ainsi que l'urgence de la mettre en place.

Monsieur Destreza apprécie la motivation de l'ensemble du groupe et se montre satisfait de la possibilité de regrouper les souhaits de chacun dans une seule formation.

L'ordre du jour étant épuisé, l'animateur fait un tour de table et synthétise les conclusions du débat : la formation devra regrouper toutes les attentes des participants et se dérouler dans les trois mois qui suivent. Des devis seront demandés à cinq organismes de formation conformément à la procédure en vigueur.

Le CR/PV recomposé

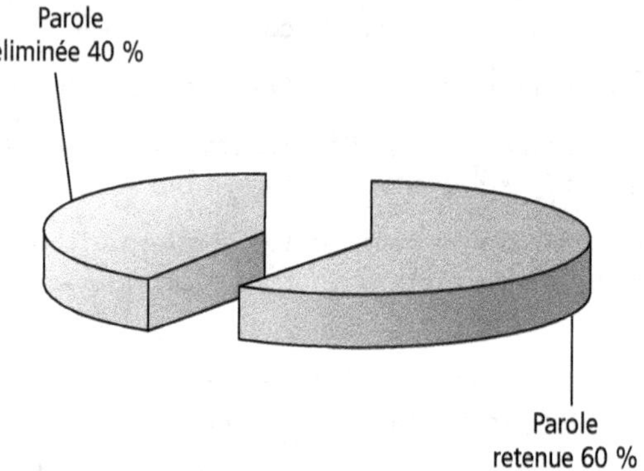

Figure 15.2

Le compte rendu recomposé est le plus courant des comptes rendus. Il a pour objectif la facilitation de la lecture du document, l'accélération de la compréhension des faits relatés et la mise en évidence des actions à entreprendre.

À cet effet, il néglige la façon dont ont été formulées les idées pour n'en garder que la substance et la retranscrire de façon concise et claire, en langage écrit et non plus parlé. Outre les superfétations* du langage parlé, la substance qui n'est pas retenue n'est que redondances, commentaires récursifs* ou digressions. Une rédaction recomposée permet, si nécessaire, de faire apparaître le nom des auteurs des arguments essentiels.

Bien que le compte rendu recomposé puisse respecter l'ordre chronologique (accident, visite, mission…), il n'en a pas le devoir. En effet, sa particularité est de classer les informations par thèmes puis de regrouper, en conclusion, les éléments importants comme les décisions prises en réunion, les conséquences d'un accident, les accords conclus lors d'une visite, etc.

Du fait même de ces caractéristiques, il est impossible à une personne n'entendant rien au domaine évoqué de rédiger efficacement un compte rendu recomposé. En effet, la méconnaissance du domaine lui rend le débat incompréhensible et l'empêche donc de différencier l'information utile de l'information futile. Il lui est également difficile de regrouper avec précision les informations par thèmes, ceux-ci lui étant étrangers. Le rédacteur d'un compte rendu recomposé doit donc être simultanément compétent dans le domaine abordé et en expression écrite.

Quand une réunion est bien cadrée, on peut préparer un support en fonction des questions à l'ordre du jour. Les notes arborescentes sont particulièrement adaptées aux réunions décousues.

> **Le secrétaire de séance doit être un spécialiste du domaine et formé à l'art de la reformulation.**

Une page de garde sous forme de tableau récapitule les lieu, date, heure, animateur, secrétaire, présents, absents, excusés et question à l'ordre du jour. Le CR entre donc directement en matière.

Page 2 :

Les participants sont unanimes sur une modification du compte rendu de la réunion du 6 novembre 2018 consistant à ajouter p. 4 § B : « L'intéressé resterait dans ses fonctions jusqu'à ce qu'il fasse la demande expresse* de les résigner*. »

Concernant l'ordre du jour, les participants expriment plusieurs besoins :

– Formation au compte rendu de réunion ;

– Formation à la réunion proprement dite ;

– Formation à la gestion du temps ;

– Formation à la communication.

Monsieur Destreza fait savoir qu'une formation pourrait regrouper ces différents aspects et que les organismes de formation sont à même d'adapter leurs produits aux besoins spécifiques que leur transmettent leurs clients.

DÉCISIONS :

1. La formation devra regrouper toutes les attentes des participants et se dérouler dans les trois mois qui suivent. Des devis seront demandés à cinq organismes de formation conformément à la procédure en vigueur.

2. La réunion du 4 décembre 2018 sera exclusivement destinée à établir le cahier des charges de cette opération.

Signatures

Le CR/PV synoptique

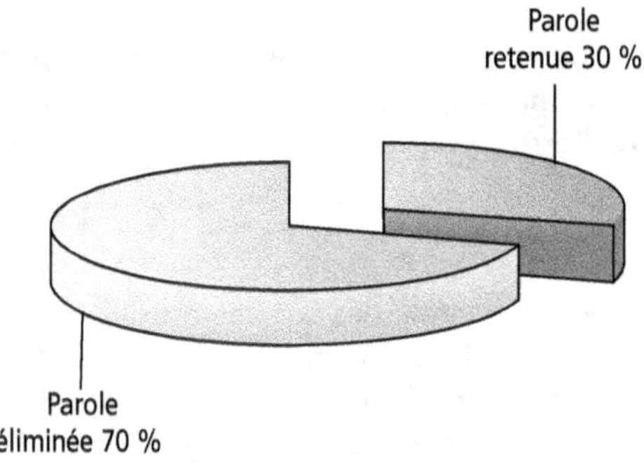

Figure 15.3

De plus en plus courant lors de réunions de travail axées sur la résolution de problèmes à l'ordre du jour (réunions de chantier, action HSCT[1], projets de service ou d'entreprise…), le compte rendu synoptique a pour objectif de faciliter l'application rapide sur le terrain des décisions prises. Pour cela, il se présente sous la forme d'un tableau qui classe le contenu en colonnes, par exemple :

▶ incidents / causes / solutions proposées ;

1. HSCT : hygiène, sécurité et conditions de travail.

▶ faits / avis / décisions ;
▶ action / moyens / responsable / date de fin…

La chronologie n'a plus aucune importance, l'attention s'attache ici exclusivement au résultat de la discussion.

Un tel compte rendu n'est envisageable qu'au sein d'un groupe motivé et honnête. En effet, l'anonymat des propos pourrait permettre à des personnes versatiles de se dérober, par exemple, en cas d'échec des décisions prises. Mais, en faisant signer tous les participants (le CR devient alors un PV), le contenu du CR est officiellement et irrévocablement approuvé.

On écrit pour être utile à ceux qui vont avoir à décider et à agir.

Logo	**Compte rendu de réunion**		p. 2/2 Référence : MB/CF/01.001 Date de rédaction : 21/11/18
Action	**Moyens**	**Responsable**	**Délai**
1. Établir un CDC de F°	– Réunion le 4/12/18 à 15h15 – Siège / Marignan – Convocation détaillée 1 semaine avant – Chaque participant apportera son projet à débattre	Destreza	Tout le monde a confirmé le 27/11/18
2. Contacter 5 org. de F°	Voir avec service F° : – Organismes ? – Budget ? – Modalités* AO ? – Poss. mettre OJ réunion 18/12	Truc	AO envoyé le 8/1/19

Le CR/PV « qui va bien »

Des formes intermédiaires peuvent encore être envisagées, par exemple entre le compte rendu sténographique et le recomposé, pour répondre à des impératifs de compréhension. Ainsi, un texte où seuls seraient repris dans leur forme initiale les propos essentiels, le reste étant récrit en évitant les redondances et le style parlé pourrait être imaginé.

D'autres idées peuvent être encore exploitées en ce qui concerne, par exemple, le style de l'expression dans un tableau synoptique. L'important, dans cette activité, est d'atteindre l'objectif du compte rendu, et non pas d'entrer dans un quelconque moule.

Pour tout document, la priorité est qu'il atteigne son objectif.

Choisir un moyen de recueillir l'information que contiendra le CR ou le PV

La sténotypie

Si l'on tient à un CR ou PV mot à mot, le meilleur moyen est de s'offrir les services d'un sténotypiste qui note intégralement tout ce qui est dit, y compris les murmures, grognements et mouvements des participants. Il utilise pour ce faire une machine appelée sténotype dont le clavier permet de saisir en phonétique un débit de 230 mots par minute.

Le sténotypiste transcode ensuite ses notes et remet à son client, sur le support voulu, le document fidèle commandé. À savoir qu'une heure de prise de notes lui demande quatre à cinq heures d'exploitation. Ses honoraires tiennent compte de la spécialisation de son travail. C'est, en outre, un professionnel tenu au secret qu'implique son métier.

L'enregistrement

On peut aussi enregistrer une réunion. Mais le travail que demande la retranscription d'une bande nécessite énormément de retours en arrière. Il n'y a aucun gain de temps par rapport à la méthode précédente, à moins de noter les idées plutôt que le mot à mot. À ce compte-là, autant noter en reformulant pendant la réunion. Ce faisant, on en vient à prendre des notes opérationnelles.

Les notes

Les notes opérationnelles (*voir la fiche 10*) sont bien plus faciles à exploiter. Il faut bien évidemment renoncer à la conservation du mot à mot de la réunion. Sans compter qu'un CR ou un PV n'est pas un document réservé uniquement à rapporter les réunions, mais aussi les visites, les lectures, les entretiens, les accidents, les missions…

Il s'agit alors de préparer des feuilles (papier ou numérique) qui n'ont de place que pour l'information souhaitée, classée de façon pratique pour leur exploitation. On ne recherche que les éléments qui éclairent la ou les questions qui font débat ; que les questions qui ont provoqué la réunion, la visite, la mission, l'entretien… C'est à comparer aux formulaires de constat à l'amiable qui sont en fait un PV d'accident ne contenant que les informations nécessaires aux assureurs pour faire leur travail.

En réunion, les notes peuvent être prises directement sur la convocation. Il est des réunions où il suffit de noter un accord à l'unanimité. Lorsqu'on ignore ce qui motive un débat ou ce qu'on va trouver dans une lecture, le meilleur choix est la prise de notes arborescentes (*voir la fiche 10*).

Quelle que soit la façon de prendre les notes, il s'agit d'un document intermédiaire et personnel. C'est-à-dire qu'il n'a pas à être « propre » ; qu'il n'a pas à être compris par d'autres et qu'il doit être transformé en texte le plus tôt possible, dans un laps* de quarante-huit heures.

**La qualité du CR ou du PV dépend beaucoup
de la méthode choisie pour recueillir l'information.**

Se doter des compétences* nécessaires

Le CR mot à mot demande le plus de travail, mais le moins de compétences. Si la retranscription d'une bande magnétique est laborieuse, elle ne demande aucune connaissance dans le domaine traité ni aucun talent d'expression écrite.

Les deux autres types de comptes rendus, plus simples en apparence, demandent quant à eux de comprendre l'information, de la trier et de la restituer de façon précise et condensée, ce qui suppose que le rédacteur doive immanquablement posséder :

▶ des facultés d'analyse et de synthèse ;

▶ des connaissances dans le domaine abordé ;

▶ un vocabulaire bien fourni ;

▶ une syntaxe précise.

NB : Il est en outre inconséquent* d'exiger d'un rédacteur qu'il produise un bon compte rendu à partir d'une réunion mal préparée et/ou mal planifiée et/ou mal animée. En effet, ces négligences ne peuvent que produire une réunion confuse et son compte rendu ne peut que refléter cette confusion.

Maîtriser les caractéristiques d'un CR, d'un PV ou d'un rapport

	Compte rendu	Procès-verbal	Rapport[1]
Destinataire	Du subordonné au supérieur hiérarchique	Du subordonné au supérieur hiérarchique	Du subordonné au supérieur hiérarchique
	S'adresse, pour information, aux participants	S'adresse, pour information, aux participants	Peut être consulté pour information ou pour action
À propos de quoi	Réunion, débat, visite, stage, accident, fait, activité…	Débat, fait	Étude, problème, accident, stage, projet, réalisation…

1. Voir explications *fiche 13*.

	COMPTE RENDU	PROCÈS-VERBAL	RAPPORT
Objectif	Témoigner	Attester	Étudier & proposer des solutions
Aptitudes	Neutralité exactitude	Neutralité exactitude	Objectivité exactitude compétence* sur le sujet
Plan	Sténographique analytique ou synoptique	Sténographique ou analytique	Chronologique ou topographique ou mixte
Contenu	Descriptif	Descriptif	Descriptif + analyse + propositions
Introduction	Pas nécessaire	Pas nécessaire	Situation de l'objet + explicitation de l'objet + annonce du plan adopté
Conclusion	Pas nécessaire	Pas nécessaire	Récapitule les propositions issues de l'analyse
Style	Personnel ou impersonnel	Impersonnel	Impersonnel
Temps du verbe	Présent	Présent	Présent + conditionnel
Signature*	Du rédacteur	De tous les participants	Du rédacteur
Forme	De la note De la lettre Formulaire	De la note	De la note ou document relié avec sommaire

À RETENIR

- Ce qui fait un compte rendu, c'est sa fonction, pas sa forme.

- Selon le besoin et les circonstances, un compte rendu peut être plus ou moins développé.

- Le compte rendu est un document neutre dans lequel le rédacteur ne donne aucun ressenti personnel. Le signataire témoigne de ce qu'il a vu ou entendu.

- Le procès-verbal a une fonction et une présentation similaires, si ce n'est qu'il est signé par tous les protagonistes, chacun attestant la véracité du contenu.

- La qualité d'un compte rendu ou d'un procès-verbal dépend de l'intelligibilité de ce qui est relaté. Mieux vaut donc que le rédacteur s'y connaisse dans le domaine de l'événement dont il a à rendre compte.

CONSTRUIRE UN RAPPORT

Il est bien entendu que nous parlons du rapport tel qu'il existe dans l'entreprise ou l'administration, en tant qu'outil de travail administratif opérationnel. Un rapport de stage ou de probation n'a rien à voir, pas plus que toute compilation de connaissances demandée à l'issue d'une formation ou toute épreuve de concours s'intitulant « rapport ».

S'imprégner de l'objectif d'un rapport

L'objectif d'un rapport est de proposer, en toute objectivité, une solution à une situation, après l'avoir étudiée.

Un rapport est destiné à des managers qui prendront leurs décisions en se fiant à cette étude. Avant d'accepter ou de refuser ces solutions, ils les auront confrontées à celles que proposent d'autres études sur d'autres questions d'actualité. Toute solution adoptée doit s'intégrer dans un plan beaucoup plus large au sein duquel une décision prise pour résoudre une question ne doit pas entraver la résolution d'une autre.

C'est pour cela que le rédacteur ne fait que des suggestions. Et c'est pour que la direction puisse apprécier, le cas échéant, leur pertinence qu'elles doivent être motivées, sources à l'appui.

> Pour faire un travail utile, le rédacteur doit se faire préciser les besoins du responsable qui lui commande le rapport.

Recueillir l'information nécessaire

Le sujet étant délimité, il faut se renseigner et sélectionner des sources d'information pertinentes car il faudra les citer. Un rapport ne se construit pas sur des « on dit » ou des impressions, mais sur des faits que l'on trouve :

▶ dans des lectures : de documents professionnels, de presse, d'essais ;
▶ au cours d'enquêtes sur le terrain : visites, entretiens, sondages…

Au cours de cette recherche, le rédacteur simplifie cette information et la classe (*voir la fiche 10*) dans des tableaux préparés en fonction du sujet. Les divers secteurs de l'entreprise disposent, dans leur enseignement, de moyens mnémotechniques dont on peut s'inspirer pour préparer les tableaux :

▶ QQCCOQP ;
▶ 5 M (Milieu, Matières premières, Moyens, Main-d'œuvre, Méthodes) ;
▶ 7 S (Stratégie, Structure, Systèmes, Staff, Style, Skills [compétences*], Shared values [valeurs communes]) ;
▶ SONCAS (Sécurité, Orgueil, Nouveauté, Confort, Argent, Sympathie) ;
▶ PESTEL (Politique, Économique, Sociologique, Technologique, Écologique, Légal) ;
▶ EMOFF (Environnement, Menaces, Opportunités, Forces, Faiblesses).

Le meilleur étant celui que vous inventerez pour l'adapter à chaque occasion.

Mieux vaut quelques informations pertinentes qu'une masse d'informations redondantes.

Analyser l'information recueillie

À cette étape, l'aide d'un canevas contraignant permet d'avancer le travail et de voir s'ébaucher les améliorations à proposer. Le meilleur outil d'analyse consiste en une auto-interrogation systématique sur chaque élément (dans l'ordre suivant) :

▶ Ce qui va ?

▶ Ce qui manque ?
▶ Ce qui ne va pas ?
▶ Pourquoi ?
▶ Que faire à la place ?

D'abord ce qui va, parce que la nature humaine tend à ne voir immédiatement que ce qui ne va pas et ne proposer que des « Y a qu'à… » ou des « Faut qu'on… » qui ne sont que des palliatifs.

Ce qui manque aussi est souvent occulté, tout comme ce qui est superflu. Il est pourtant plus constructif d'ajouter ou d'éliminer avant de dire que rien ne va.

Ensuite, si on a été capable de trouver des choses qui ne vont pas, on doit pouvoir dire pourquoi et surtout trouver que faire à la place.

Les contraintes libèrent l'efficacité créative.

Concevoir un plan pour atteindre l'objectif du document

On peut dire que l'on connaît les parties du plan lorsqu'on a décidé de la forme des tableaux de recueil de l'information. Quoique, les informations s'ajoutant les unes aux autres, un meilleur agencement peut apparaître pendant la recherche. En cela, les notes arborescentes (*voir la fiche 10*) sont beaucoup plus souples. On fait partir une branche dès la première information entrant dans le sujet et, d'information en information se rattachant à cette branche ou formant une nouvelle branche, la substance de recherche est classée. Il suffit d'ordonner les rameaux d'informations pour obtenir le plan.

Le plan prend donc la forme infligée par la méthode de recherche en la combinant avec les trois fonctions d'un rapport. De la sorte, le document récapitule la situation, l'analyse et émet des propositions pour chacun des points identifiés.

La situation peut concerner un événement qui s'est étendu dans le temps, auquel cas il pourra être pratique d'aborder le problème de façon chronologique*.

La question étudiée peut être intemporelle et couvrir plusieurs secteurs que l'on examinera l'un après l'autre dans un plan topographique*.

Les rapports publics que l'on peut consulter sur le site de la Documentation française[1] constituent de bons exemples à suivre pour construire un rapport.

Schéma de plan : on peut choisir de présenter son travail en trois parties : situation, analyse, proposition (plan SAP) ; chacune des parties aura autant de sous-parties que de points à aborder, qu'il s'agisse de repères dans le temps (plan chronologique) ou dans l'espace (plan topographique).

On peut préférer faire autant de parties que de points dans le temps ou dans l'espace à aborder. Chacun de ces points comprendra trois sous-parties : situation, analyse, proposition.

Dans ce schéma, les 5 M ont été arbitrairement choisis pour organiser le plan topographique.

	PLAN CHRONOLOGIQUE		PLAN TOPOGRAPHIQUE	
Introduction (*voir fiche 20*)	Rappeler le sujet Expliciter le sujet Décrire la méthode d'investigation Annoncer le développement			
Développement	D'abord Situation Analyse Propositions	Situation D'abord Ensuite Après …	Milieu Situation Analyse Propositions	Situation Milieu Matériel Méthodes …
	Ensuite Situation Analyse Propositions	Analyse D'abord Ensuite Après …	Matériel Situation Analyse Propositions	Analyse Milieu Matériel Méthodes …

1. https://www.ladocumentationfrancaise.fr/rapports-publics

	Plan chronologique		**Plan topographique**	
	Après Situation Analyse Propositions	Propositions D'abord Ensuite Après …	Méthodes Situation Analyse Propositions	Propositions Milieu Matériel Méthodes …
	Puis…		M…	
Conclusion	Récapitulation des propositions			

L'élaboration d'un rapport n'est pas qu'un travail d'écriture.

Présenter le rapport

Un travail d'écriture ne commence jamais par l'introduction ou par les titres. Ce sont des éléments de présentation qui, pour être efficaces et facilement rédigés, ne peuvent être construits qu'une fois le développement achevé :

▶ composer des titres pleins (*voir la fiche 19*) ;
▶ construire une introduction efficace (*voir la fiche 20*).

10 lignes de 90 signes, soit 140 mots sont un maximum pour une introduction.

À RETENIR

- Le rapport donne les résultats d'une étude réalisée sur un sujet donné.

- Un rapport à l'initiative d'un collaborateur à l'attention de sa hiérarchie s'appelle un « mémoire ».

- Un rapport s'articule autour de trois fonctions : description, analyse, solution (DAS) présentées de la manière la plus intelligible pour chaque cas.

- La conclusion d'un document est l'endroit où le rédacteur peut mettre son grain de sel, soit, dans un rapport, la récapitulation des solutions apportées.

CONSTRUIRE UNE NOTE D'ANALYSE

Il ne faut pas confondre note d'analyse et résumé. Un résumé se contente de réduire un texte. Une analyse place le rédacteur en tant qu'observateur du texte pour que le destinataire le comprenne plus rapidement qu'en lisant l'original.

Se fonder sur l'utilité de l'analyse

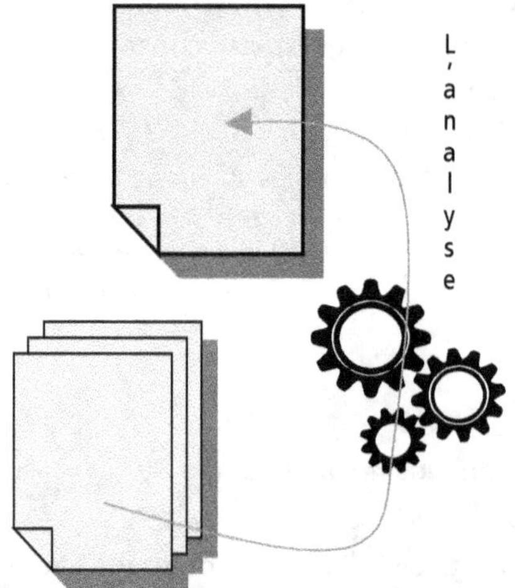

Figure 17.1. L'analyse extrait d'un texte
la substance utile à un décideur et prévoit
les éventuelles actions à mettre en œuvre

Les analyses, comme les rapports et les synthèses, sont des documents internes destinés à préparer le travail d'un dirigeant qui doit prendre une décision.

Plus spécifiquement, l'analyse est un document qui évite à un décideur de passer tout son temps à lire au lieu d'agir.

Pour ce faire, le rédacteur de l'analyse extrait d'un texte la substance utile à ce décideur ici et maintenant. Celle-ci :

▸ l'informe objectivement sur l'essentiel d'un cas ;
▸ lui présente les informations nécessaires à sa décision ;
▸ lui présente les différentes issues et leurs conséquences ;
▸ lui conseille objectivement un choix ;
▸ lui indique la marche à suivre pour chacune des possibilités de décision ;
▸ est accompagnée des projets de documents nécessaires au traitement administratif des différentes suggestions.

Chercher l'idée générale du texte

Voir la fiche 8

L'idée générale sera intégrée dans l'introduction (voir exemple ci-après).

Chercher l'idée générale de chaque partie

Voir la fiche 8

Identifier les passages à décortiquer

Voir la fiche 9

Décortiquer les passages utiles

Voir la fiche 9

Prendre des notes opérationnelles

Voir la fiche 10

Ne pas confondre analyse et résumé

Le résumé réduit en toute neutralité un texte, en conservant, dans le même ordre, toutes les idées qu'il contient. Le rédacteur se met à la place de l'auteur du texte.

L'analyse expose objectivement ce que contient le texte d'intéressant pour l'entreprise, dans les circonstances actuelles. Elle peut négliger certains détails. Elle peut expliciter certains éléments, des allusions, par exemple, à des faits antérieurs ou à des techniques, procédés, méthodes étrangers au cœur de métier de l'entreprise. Inversement, elle écarte des explications techniques obscures au profit de leur résultat. En somme, le rédacteur se place en interprète objectif du texte.

Exemple d'analyse 1

① *Dans **son** article intitulé* « À qui appartiennent les connaissances ? » *paru dans* Le monde diplomatique *de janvier 2000,* Philippe Quéau s'interroge ② *sur la légitimité de la propriété intellectuelle.* ③ *Invoquant le **droit à l'information**, la promotion de la créativité et la notion de **libre concurrence**,* ④ il conclut *à la nécessité d'une action des organisations internationales en faveur de la protection et de la fructification du fonds de connaissance commun à l'humanité.*
L'apparition des nouveaux supports multimédias pose le problème de la propriété intellectuelle qui n'a été jusqu'alors résolu que par le renforcement des droits individuels. L'auteur affirme *que cette attitude est dépendante de la politique et du marché et qu'elle conduit à la détention – donc au piratage – par quelques puissants d'un patrimoine qui est en fait un bien commun de l'humanité. **En effet** mettre en ordre des informations connues de tous n'est pas,* selon lui*, inventer ; et rationner l'accès à ces produits ne peut que **nuire au droit de tous à l'information.***
*Par ailleurs, assurer la diffusion d'un produit en échange d'un monopole d'exploitation incite les exploitants à vivre sur leur capital **plutôt***

qu'à innover. La création serait, au contraire, favorisée par la large diffusion de l'invention et de ses caractéristiques. Selon l'auteur, la liberté de copie de ces données convient donc mieux que le monopole, à la notion de libre concurrence.

En outre, Philippe Quéau considère que la préservation de l'exception culturelle devrait faire place à une lutte mondiale destinée à préserver ensemble les diversités culturelles. En l'occurrence, l'auteur se demande si les organisations internationales, comme l'Organisation mondiale de la propriété intellectuelle (OMPI), défendent et promeuvent mieux que le marché les biens publics mondiaux.

Précisément, étant donné la progression des demandes de dépôt de brevets, l'OMPI se trouve à la tête de nombreux capitaux et ces derniers étant issus du bien commun, la justice sociale mondiale voudrait qu'ils soient affectés, par exemple, au financement d'une bibliothèque publique mondiale virtuelle ou au soutien d'axes de recherche négligés parce que sans intérêt pour le marché.

Philippe Quéau propose donc une protection de la propriété intellectuelle par une libre et abondante diffusion des données.

Le rédacteur s'emploie à attribuer de loin en loin les propos à leur auteur, comme le montrent les parties encadrées.

Il articule son texte (grâce à des mots outils – surlignés) en fonction de sa logique d'information tenant compte du lieu et du moment où il informe.

Si les actions proposées par le texte concernaient l'entreprise (ici, protection et diffusion), elles seraient exposées à la suite de la conclusion, accompagnées de toutes les précisions logistiques nécessaires.

Construire une introduction efficace

Voir la fiche 20

La première phrase de l'introduction rappelle le sujet en situant le texte : références, intitulé émetteur, date de publication et support de diffusion. QQCOQ (① dans l'exemple).

L'introduction donne ensuite brièvement l'idée générale du texte, c'est-à-dire ce sur quoi le texte interroge et les arguments principaux de la démonstration (explicitation, ② dans l'exemple).

Elle annonce l'ordre dans lequel ce qui est à retenir du texte va être abordé (③ dans l'exemple).

Enfin, elle donne ce que veut démontrer l'auteur (④ dans l'exemple) et précise, le cas échéant, si cette conclusion engendre des actions à mener dans l'entreprise.

Le point ④ fait la différence entre une introduction d'analyse et celle d'un rapport ou d'une synthèse.

Exemple d'analyse 2

Les annales du congrès de... tenu le... à..., publient la communication du laboratoire... annonçant la création d'un nouveau carburant : le XYZ523. Celui-ci est universel et convient à tous les types de moteurs des véhicules terrestres, maritimes ou aériens. Son utilisation présente l'avantage d'uniformiser l'approvisionnement et le stockage. L'emploi de ce carburant permet de :

...réduire la consommation...

...réduire l'entretien...

...uniformiser la maintenance...

Toutefois les moteurs devront subir une modification s'élevant à XXX € par véhicule et les cuves de stockage devront être de type Y. «Dans le cas où l'utilisation de ce carburant serait approuvée, il conviendrait de :

⇨ organiser une formation des mécaniciens ;

⇨ demander l'autorisation B32 à la préfecture.

(Ci-joint réponse aux propositions de formation des organismes A, B et C ainsi que formulaire B32 complété et sa lettre d'envoi.)

Dans le cas où ce carburant ne serait pas adopté, il conviendrait tout de même de :

⇨ ...

⇨ ...

(ci-joint...)

Le texte de référence donnait la composition chimique du carburant et ses performances chiffrées. Il ne donnait pas le coût des travaux engendrés. Il ne parlait ni de la formation, ni des autorisations. Le rédacteur s'est renseigné ; cela fait partie du travail d'élaboration d'une note d'analyse, ainsi que la préparation des documents pour le cas où le nouveau carburant serait adopté. Si éventuellement autre chose devait être mis en place, la note d'analyse en parlerait aussi.

Ne pas perdre de vue l'objectif : «faciliter l'efficacité du décideur».

Tableau de comparaison des note, note d'analyse et note de synthèse

DOCUMENTS / CRITÈRES	NOTE (CORRESPONDANCE INTERNE)	NOTE D'ANALYSE	NOTE DE SYNTHÈSE
Motif	Une conjoncture	Un document	Une affaire Une requête à propos d'une documentation
Destinataire	Un collaborateur	Une autorité	Une autorité
Objectif	Faire savoir	Provoquer une décision	Provoquer une décision
Avantage	Laisser une trace	Donner rapidement l'essentiel du document et les possibilités qu'il offre	Présenter sur un document unique les éléments importants contenus dans plusieurs documents
Contenu	Expose (*voir la fiche 14*)	Explique le quoi et le pourquoi du document sans résumer ni citer des passages (*voir la fiche 17*)	Fait apparaître l'origine de l'affaire, son développement, ses avatars* Extrait d'une documentation une information ordonnée qui répond à une requête (*voir la fiche 18*)
Conclusion	Pas obligatoire ; en rapport avec les circonstances	Propose le cas échéant des dispositions* pratiques	Propose une solution pour résoudre l'affaire Inutile si la requête ne le spécifie pas
Présentation	Cf. Note	Cf. Note	Cf. Note
Style	Impersonnel	Impersonnel	Impersonnel

Un dirigeant se doit de préciser au rédacteur ce qu'il attend du travail de rédaction demandé.

À RETENIR

- Une analyse explicite un document susceptible de contribuer à la décision du responsable à qui il est destiné.

- Contrairement à un résumé, elle peut introduire des précisions nécessaires à la compréhension de l'enjeu.

- Le cas échéant, elle peut être accompagnée des documents destinés à régler l'affaire (lettre d'acceptation et lettre de refus ; formulaire rempli ; lettre de demande, etc.).

CONSTRUIRE UNE SYNTHÈSE

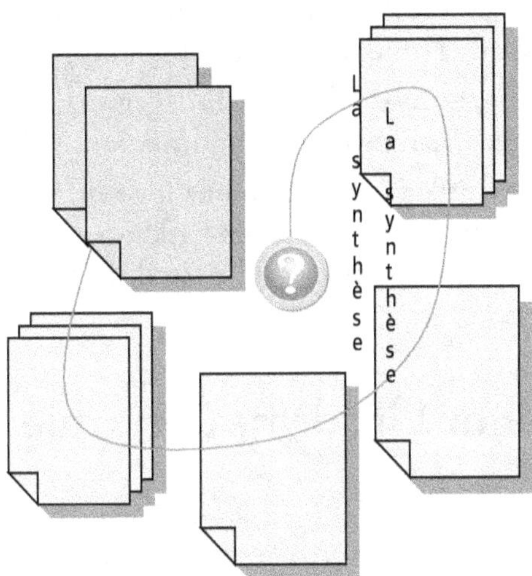

Figure 18.1. La note de synthèse extrait d'un dossier
la réponse nécessaire et suffisante à une requête, un objectif

La synthèse fait le point sur une affaire : le dossier d'un employé ou d'un agent, un partenariat, un projet, une nouvelle réglementation, etc.

S'imprégner du rôle d'une synthèse

Régulièrement, lorsque les dossiers s'épaississent, il se révèle nécessaire de produire un document qui, à sa seule lecture, permet de comprendre l'origine de l'affaire, son développement, les thèses avancées, les propositions, les avis, etc.

Une synthèse peut également être le résultat de la requête d'un responsable qui a reçu une documentation volumineuse et qui souhaite être informé sur un aspect particulier de cette documentation pour prendre éventuellement les décisions qui en découlent.

Ne commencer la lecture des pièces qu'après avoir compris la situation et le besoin du destinataire

Il est impossible de savoir ce qui est important ou pas, ce qui doit figurer ou pas dans la note de synthèse quand on n'a pas d'objectif.

L'objectif peut être tout simplement d'alléger les dossiers, auquel cas le travail consistera à supprimer les informations redondantes.

Si l'objectif est de satisfaire la requête d'un dirigeant, il ne faut pas hésiter à définir avec lui son besoin dans ces circonstances. Un bon manager le fera systématiquement sans qu'on ait besoin de le questionner.

Voir la fiche 5

Sélectionner l'information utile

Voir la fiche 6

On ne pense à rédiger qu'après avoir une vue d'ensemble du dossier.

Construire un plan

Lors des épreuves d'examens professionnels et concours administratifs, les correcteurs attendent le plus souvent un devoir académique* divisé en deux parties de volume à peu près équivalent, chacune divisée en deux parties de volume à peu près équivalent. Avec un tant soit peu d'entraînement, on peut tout faire entrer dans un plan de cette sorte.

Les notes de synthèse administratives portent le plus souvent sur une nouvelle loi et la déclinaison de contraintes qui en découlent. S'imposent alors des plans : théorie/pratique ; réglementation/application ; ce qui est abrogé*/ce qui remplace.

Au quotidien, c'est l'efficacité qui prime. Le plan doit répondre à la logique de compréhension du destinataire. Le fonctionnement intellectuel part :

▶ du connu vers l'inconnu ;

▶ du général vers le particulier ;
▶ du simple vers le compliqué.

C'est un système dont on doit tenir compte lorsqu'on veut être compris. On peut alors se fier à des plans tels que :

▶ QACÇ : Qu'est-ce que c'est ? / À quoi ça sert / Comment ça marche ? / Ça donne quoi chez nous ?
▶ SPRI : Situation / Problème / Résolution / Informations ;
▶ En théorie / En pratique ou Communiquer / Agir.

En gros, on peut considérer qu'on a une partie théorique et une partie pratique qui en découle.

Le but est de faire comprendre ce qu'on a compris.

Rédiger l'introduction

Voir la fiche 20

Écrire le texte

Voir la partie IV

Exemple de note de synthèse

À partir du même dossier, plusieurs notes de synthèse complètement différentes auraient pu être élaborées en rapport avec la requête du destinataire/commanditaire.

À la différence d'un rapport, le dossier a été fourni au rédacteur. Il n'a pas eu à partir en quête d'information.

Un rapport aurait proposé des solutions concrètes élaborées en fonction d'éléments que le rédacteur aurait recherchés auprès de différentes sources et qu'il aurait récapitulés dans une conclusion.

La différence avec une note de synthèse administrative, c'est que cette dernière ne traite pas de questions de production, mais uniquement de l'aspect réglementaire d'un dossier.

Trifouillis, le … XX … XXXX

Note à l'attention du directeur développement

Objet : Changements induits par la loi EGalim dans notre entreprise de restauration collective

Références : 14 documents réglementaires, internes, presse / 42 pages (détail *in fine*)

La loi n° 2018-938 du 1er novembre 2018, dite «loi EGalim», destinée en premier lieu à repenser le système de rémunération des agriculteurs, va entraîner des changements de fonctionnement dans l'ensemble du secteur alimentaire. La ONAFIN comptant la restauration collective pour 24 % de son chiffre d'affaires, doit repenser avant 2022 ses menus et approvisionnements. Elle devra également prévoir de remplacer les ustensiles en matière plastique.

1. Augmenter la quantité de denrées végétales locales et bio

Tous les restaurants collectifs devront expérimenter un repas végétarien par semaine. Ceux qui servent plus de 200 couverts devront en plus élaborer un plan pluriannuel de diversification des protéines introduisant des protéines végétales.

Quant aux collectivités territoriales gérant des cantines, elles devront d'ici 2022, selon l'article 24 de la loi EGalim, servir 50 % de produits locaux, issus du commerce équitable ou estampillés d'un label qualité, dont 20 % bio. Les usagers de ces cantines auront accès aux documents faisant foi de la bonne marche de cette disposition et pourront exprimer leurs avis en retour.

2. S'attendre à des mesures antigaspi et antipollution

Dans son article 88, la loi prévoit une observation du gaspillage alimentaire dans la restauration collective. Le résultat de cette étude fournira matière à une série d'ordonnances qui ne manqueront pas de renforcer un approvisionnement local de denrées non transformées.

Par ailleurs, les déchets devront être réduits et biodégradables. De la sorte, un matériau de substitution devra être identifié, testé et validé d'ici 2020, pour remplacer les derniers ustensiles en matière plastique (pailles, couverts, contenants bouteilles…) qui devront avoir disparu de la restauration collective comme le précise l'article 28 de la loi EGalim.

À RETENIR

- La note de synthèse extrait d'un dossier la réponse nécessaire et suffisante à une requête.

- Ce n'est ni un résumé, ni un récapitulatif; c'est l'exposé de ce (et uniquement ce) qui renseigne le responsable qui a demandé la synthèse afin qu'il puisse prendre une décision ou entreprendre une action.

- La synthèse est avant tout un travail d'exploitation de documents.

- On ne peut pas produire une bonne synthèse sans avoir pris le temps de bien comprendre dans sa globalité la situation exposée dans le dossier à synthétiser.

CRÉER DES TITRES « PLEINS »

Nous avons vu, dans la fiche 8, tous les éléments qui aidaient à prendre rapidement connaissance de l'idée générale d'un texte, notamment les titres. Cette action permet de savoir s'il est nécessaire ou non d'en approfondir la lecture.

Faciliter la lecture

Pour rédiger efficacement, il suffit donc de construire son texte exactement comme on aimerait le trouver si on avait à le lire (*voir la fiche 8*) :

▸ Disposer des mots clés et des mots outils, notamment en début et fin de paragraphes.

▸ Dire clairement ce qu'on veut démontrer dans la conclusion.

▸ Rédiger une introduction qui soit un hyper-résumé du texte, car en rédaction professionnelle, on ne ménage aucun suspense.

▸ Énoncer un argument par paragraphe.

▸ Organiser les paragraphes :
  - en triangle : première phrase synthétique ;
  - en triangle inversé : dernière phrase synthétique ;
  - mixtes première et dernière phrases synthétiques se faisant écho.

▸ Regrouper les paragraphes en parties qu'on coiffe d'un titre plein.

Mode de fabrication du titre plein

Pendant notre scolarité, nous avons rencontré le plus souvent des titres vides, c'est-à-dire des titres qui ne font que nommer le thème abordé dans la partie. Les titres pleins sont bien plus efficaces car ils donnent en plus la façon dont nous allons parler du thème abordé.

Titre vide	Titre plein (se limiter à 70 signes)
Les causes profondes de la guerre de 14-18	Revanchisme, rivalités coloniales et agitation dans les Balkans conduisent à la guerre
Réforme majeure de la constitution de 1958	Constitution de 1958 : le président de la République sera élu au suffrage universel
Évaluation de l'égalité salariale	Les cinq critères de l'index de l'égalité salariale
La sécurité des locaux	Les sept emplacements vulnérables d'un site professionnel
Changer de management	Le management par le stress est contreproductif
La loi EGalim	Les six dispositions de la loi EGalim qui concernent notre entreprise
Bilan veille concurrentielle	Deux nouveaux concurrents et un dépôt de brevet chez Trucmuche

Un bon titre donne envie de comprendre votre texte.

L'assemblage de vos titres pleins vous aide à construire votre phrase de présentation du contenu dans l'introduction.

À RETENIR

- Des titres « vides » ne font que nommer le thème du texte ; ils n'offrent aucune prise au lecteur pour prévoir un contenu.

- Des titres « pleins » disent dans quelle direction est abordé le thème ; on peut en déduire une hypothèse de contenu à confirmer ou à infirmer.

- Avec une réflexion sur les titres pleins, la lecture cesse d'être passive.

- Un bon rédacteur doit aider son lecteur à prendre connaissance de son texte.

CONSTRUIRE UNE INTRODUCTION DE RAPPORT OU DE SYNTHÈSE

L'introduction n'est pas le casse-tête que beaucoup s'imaginent. Elle l'est effectivement si on tient à la rédiger «à froid», sans avoir travaillé le développement. Elle l'est quand on perd du temps le stylo en l'air (ou les doigts en griffe immobile sur le clavier) en s'imaginant qu'une inspiration soudaine soufflera les quelques mots magiques «qui iront bien».

Oublier les habitudes scolaires

L'introduction est une présentation du travail, un hyper-résumé du document. En cela, elle ne peut être rédigée que quand le contenu du développement est arrêté, voire rédigé, pour les meilleurs. Ajouter un paragraphe de dix lignes au-dessus d'un texte, peut être inesthétique sur un manuscrit, mais ne se voit pas sous un traitement de texte.

L'introduction d'un document professionnel ne ménage aucun suspense.

S'appuyer sur les fonctions de l'introduction

Une introduction a quatre fonctions :
- Rappeler le sujet (répondre à la question «quoi?»).
- Expliciter le sujet (répondre à la question «pourquoi quoi?»).
- Décrire la méthode d'investigation[1] (répondre à la question «comment j'ai trouvé?»).

1. Le point 3 ne concerne que les rapports; il s'agit de décrire l'étude sur laquelle on s'est appuyé, la documentation qu'on a consultée, etc.

▶ Annoncer le plan (répondre à la question «on va en parler dans quel ordre?»).

Annoncer le plan par «Le truc sera d'abord traité, puis le chose et enfin le machin» est lourd. Mieux vaut faire se succéder des petites phrases qui résument chaque paragraphe.

On ne rate jamais son introduction quand on se souvient de REXDAN.

Exemple 1

1. Rappeler le sujet
Notre établissement doit se conformer à la réglementation concernant la prévention des risques professionnels liés à l'inhalation de poussières d'amiante encadrée par les articles R. 4412-94 à R. 4412-148 du Code du travail.

2. Expliciter le sujet
En effet, l'amiante est un minerai fibreux très résistant à la tension, inerte, de faible conductibilité thermique et surtout incombustible. Pour ses qualités il a été utilisé dans la fabrication d'objets et de vêtements ignifugés; de matériaux de construction et de remplissage. Or, un rapport de l'Inserm de juin 1996 a révélé le danger que constituait son absorption, même à faible dose.

3. Annoncer le plan
C'est pourquoi les pouvoirs publics ont entrepris d'interdire sa fabrication et de réglementer l'entretien et la dépose des matériaux qui en contiennent. Mais la mise en œuvre de cette réglementation ainsi que le choix d'un matériau de substitution se révèlent délicats.

Exemple 2

1. Rappeler le sujet
La loi n° 2018-938 du 1ᵉʳ novembre 2018, dite «loi EGalim», destinée en premier lieu à repenser le système de rémunération des agriculteurs,

2. Expliciter le sujet
va entraîner des changements de fonctionnement dans l'ensemble du secteur alimentaire. La ONAFIN comptant la restauration collective pour 24 % de son chiffre d'affaires, doit

3. Annoncer le plan

a) repenser avant 2022 ses menus et approvisionnements. b) Elle devra également prévoir de remplacer les ustensiles en matière plastique.

À RETENIR

- Puisqu'un rédacteur professionnel n'est pas un auteur de polars, il n'a aucun suspense à réserver. Une introduction dit d'emblée de quoi on parle, pourquoi on en parle et ce qu'on va en dire.

- L'introduction est l'hyper-résumé (sans détails) du texte qu'on vient de produire.

- L'introduction doit être une aide à la lecture.

- Il est très facile de rédiger l'introduction quand on a déjà rédigé le développement.

GÉRER SON TEMPS DE RÉDACTION

Tout comme on fait un planning pour l'ensemble de sa journée, tout comme on a produit un plan de lecture (*voir la fiche 11*), on peut organiser un plan de rédaction selon la même méthode.

Connaître sa capacité de production écrite diffusable

Il s'agit de savoir combien de temps on met pour écrire un document à partir de ses notes. Cela permet de planifier son travail. On peut ainsi placer les pièces à exploiter sous l'onglet de l'échéancier (*voir la fiche 11*) qui fera que le document sera entre les mains de son destinataire à la date prévue. Cela permet aussi d'annoncer une date de livraison pour chaque document commandé par un responsable :

▶ Relever le temps écoulé et le nombre de mots écrits à l'occasion de diverses séances de rédaction dans les conditions optimales de tranquillité et faire une moyenne. Les traitements de texte affichent le nombre de mots du document et, si on le souhaite, le nombre de mots d'un paragraphe sélectionné au curseur. Il est même possible de connaître le nombre de signes, espaces compris ou non compris par le bouton « statistiques » sous l'onglet « révision » (dans Word).

▶ Observer les variations entre les différents types de documents et les différents niveaux de difficulté répertoriés.

Chacun, en fonction de sa formation et de ses expériences passées, est plus à l'aise sur certains sujets ou sur certaines démarches. Repérer ses propres facteurs de ralentissement contribue à affiner la planification.

On est moins stressé et plus productif quand on sait qu'on « a le temps ».

Calibrer son écriture manuscrite

Cette donnée, à l'époque du traitement de texte, peut sembler obsolète. On peut, cependant, être amené à écrire à la main dans certaines circonstances, notamment lors de concours professionnels dans le secteur public.

En prévision de telles circonstances, il se révèle nécessaire, en plus du critère « temps de production », de connaître le nombre de mots par ligne que nécessite sa propre écriture. Il suffit d'établir une moyenne sur dix lignes à partir de plusieurs échantillons extraits d'écrits produits à différentes occasions.

Connaître cette donnée permet :
- de prévoir le nombre de pages dactylographiées que demandera un brouillon manuscrit ;
- de ne pas perdre de temps à compter les mots lors d'une épreuve de résumé ;
- de laisser des espaces suffisants sur sa copie de concours pour des phrases de transition et l'introduction.

Minuter chaque étape de la démarche complète de rédaction

Un temps précis nous est parfois imposé.

Diviser son temps en deux parties ; un travail de rédaction demande : 50 % de temps pour comprendre et 50 % de temps pour faire comprendre.
- Prendre beaucoup plus de temps (un minimum de dix minutes) qu'on ne le fait depuis l'école pour **analyser le sujet**. Il s'agit de :
  - écouter ou lire avec attention l'information qui est transmise ;
  - ne pas rester indifférent en n'allant pas au-delà des mots transmis ;
  - peser chaque mot de la demande à laquelle on doit répondre ;
  - traduire avec ses propres mots l'information reçue ;

- se poser des questions ;
- déduire des hypothèses de réponses qu'on laissera se transformer au cours de la compréhension.

▶ S'il s'agit d'un dossier, appliquer la méthode de **feuilletage** (*voir la fiche 9*).

▶ Appliquer la méthode de **prise de notes opérationnelles** conseillée pour chaque type de document (*voir la fiche 10*).

▶ Faire un **plan logique** adapté au type de document à rédiger. Si le travail précédent a été fait consciencieusement, le plan est évident ; il apparaît pendant la prise de notes, voire dès l'analyse de l'information qui a nécessité ce travail de rédaction.

Les heures passées en compréhension active garantissent un texte pertinent.

▶ Reste à écrire **un paragraphe par point** répertorié par le plan :
- en français correct avec un vocabulaire clair et précis et en respectant la grammaire française (voir partie IV) ;
- de façon claire, précise, concise, honnête, positive et respectueuse.

▶ Rédiger les **titres des parties** du texte (*voir la fiche 19*).

▶ Rédiger l'**introduction** (le cas échéant) après le développement (*voir la fiche 20*).

À RETENIR

Pour pouvoir planifier son travail, il est indispensable de mesurer son temps moyen passé à :

- exploiter des documents ;

- exploiter ses notes et écrire.

PARTIE IV

ÉCRIRE LE TEXTE POUR ÊTRE COMPRIS

« Mal nommer les choses, c'est ajouter au malheur du monde »
Albert Camus

S'EXPRIMER EN FRANÇAIS CORRECT

La langue française est un instrument de précision. À cet effet, les économistes, les techniciens et les scientifiques devraient être encore plus soucieux que les littéraires et les juristes d'employer le bon mot ou la bonne tournure. Il est, en effet, dans l'essence même de ces domaines d'intérêt d'éviter les décalages entre la signification du message et la compréhension par son destinataire. Le français offre une colossale capacité à exprimer de multiples nuances. Ne la méprisons pas en nous contentant des 300 mots qui permettent de survivre, mais qui nous privent de la liberté de penser et de communiquer car des milliers sont à notre disposition (le Grand Robert en explicite 75 000).

Reconnaître l'instrument de précision qu'est la langue française

Il faut toutefois reconnaître que, comme toute langue, le français comporte ses difficultés, notamment en orthographe d'usage. Mais son histoire l'explique en partie. Mélange de latin et de gaulois sur lequel se sont encore greffés des mots d'autres provenances, le français n'a pas créé les signes qui représentent exactement ses sons. Ainsi a-t-on hérité du *ch* qui se prononce tantôt ʃ, tantôt k ; des *ph*, des *th*, des *y* et des doublements de consonnes. Ces particularités doivent plutôt être vues comme des aides permettant de retrouver le sens d'un mot qu'on rencontre pour la première fois (*voir la fiche 7*).

La précision réduit le décalage entre ce qu'on exprime et ce qui est compris.

Reconnaître le français comme code commun d'échange d'idées et d'informations

Depuis 1539	Ordonnance* de Villers-Cotterêts[1] : Pour des raisons d'intercompréhension, les registres et les textes juridiques doivent être clairs, précis et rédigés et notifiés en français uniquement. Jusque-là, en effet, les textes officiels étaient en latin et de nombreuses langues régionales étaient en usage dans les provinces.
Depuis 1635	Académie française[2] dont la principale fonction est de : – «travailler avec tout le soin et toute la diligence possibles à donner des règles certaines à notre langue et à la rendre pure, éloquente et capable de traiter les arts et les sciences», – élaborer un dictionnaire. Il s'agissait donc de structurer une langue que chacun parlait et écrivait à sa manière pour en faire un code commun. L'Académie continue à examiner chaque néologisme pour voir s'il ne concurrence pas un mot régulièrement formé et pour l'entériner s'il est utile et bien implanté. Son rôle n'est donc pas d'imposer, mais de cadrer. En conséquence, en dehors de ce qui est déjà établi par des siècles d'usage, elle recommande; elle ne réforme pas.
Depuis 1994	Loi Toubon[3] : Les administrations s'expriment obligatoirement en langue française conforme à la grammaire. Le cas échéant, elles joignent une traduction à un texte diffusé dans une langue étrangère. Les citoyens français, sur le sol français, ont le droit en tant que salariés ou consommateurs (pour les contrats, modes d'emploi, garanties…) d'échanger en français à l'écrit ou à l'oral. Autrement dit, en France, une entreprise, même une filiale étrangère, ne peut imposer de communiquer dans une langue étrangère.
Depuis 1996	DGLF[4] : Il existe un dispositif d'enrichissement de la langue française destiné à créer des mots et expressions français pour exprimer des concepts et nommer des produits nouveaux.

Aucune autorité n'est compétente pour réformer la langue française.

1. https://www.herodote.net/10_ao_t_1539-evenement-15390810.php
2. http://www.academie-francaise.fr
3. http://www.culture.gouv.fr/Actualites/Langue-francaise-la-loi-Toubon-vingt-ans-apres
4. http://www.culture.fr/franceterme

Féminiser… ou pas?

Du point de vue linguistique

En linguistique, on distingue :
- le genre lexical (une table / une pie / une jeune fille / un banc / un lièvre / un garçon) ;
- le genre grammatical (<u>la</u> fleur bleu<u>e</u> que j'ai cueilli<u>e</u> /<u>une</u> sentinelle est post<u>ée</u> à chaque entrée / <u>un</u> renard_ s'est enfui_ avec ses petits) ;
- le sexe d'une personne (une femme / un homme ; un garçon / une fille).

En français, si le genre lexical et le genre grammatical coïncident (ce qui n'est pas le cas de toutes les langues), le sexe n'est pas toujours marqué.

Lorsqu'on parle du lièvre ou de la pie, il peut s'agir d'un mâle comme d'une femelle. De même, la sentinelle peut être un homme ou une femme. Il en va régulièrement ainsi quand il n'est pas prioritaire de parler du sexe du sujet. Autrement dit, majoritairement, c'est la forme non marquée qui est utilisée pour noter cette neutralité. Et, accessoirement, cette forme non marquée est également utilisée pour désigner les personnes de sexe masculin. Un « homme » est avant tout un être humain, et accessoirement, une personne de sexe masculin.

En conséquence, 50 % des hommes[1] sont des femmes.

Ainsi, lorsqu'on veut écrire un texte qui désigne des personnes quel que soit leur sexe, il suffit d'utiliser cette forme non marquée. Une interpellation qui dirait « Français ! » concernerait autant les femmes que les hommes. Alors que « Françaises ! » n'interpellerait que les femmes.

Quand on cherche un médecin ou un avocat, on laisse entendre qu'on n'attache pas d'importance au sexe de la personne qu'on nous conseillera. Ce ne serait pas le cas si l'on cherchait une doctoresse ou une avocate.

1. Prendre dans les sens « être humain ».

La vague féministe

Dans les années 1980, de nouvelles élues à la chambre des députés se sont plaintes de formulaires d'inscription inadaptés aux femmes. Ils ne prévoyaient pas d'emplacement pour mettre le « nom de jeune fille ». Il suffisait pourtant d'inscrire son nom de naissance dans la case « nom ». Jamais aucune loi française n'a obligé une femme à abandonner son nom de naissance pour porter celui de la famille de son mari. Dans le même ordre d'idée, rien n'oblige à distinguer les femmes mariées des « demoiselles » pas plus que les hommes mariés des célibataires.

En 1986, le gouvernement a créé une commission pour répondre à cette remarque. Ses travaux se sont concrétisés dans un fascicule intitulé « Femme j'écris ton nom » destiné à la fonction publique.

En 2017, une circulaire du Premier ministre[1] recommande d'accorder les fonctions au genre de la personne qui les tient et proscrit l'écriture inclusive* pratiquée dans d'autres pays francophones.

À noter :

▶ Une circulaire ne concerne que les fonctionnaires.

▶ En France, seule l'Académie fait légalement autorité sur la langue.

▶ L'Académie ne légifère pas, considérant que c'est l'usage qui crée la langue et qu'elle cadre, simplement, cet usage.

▶ Il n'y a donc aucune loi qui a réformé, à quelque moment que ce soit, le vocabulaire ou la grammaire.

▶ L'arrêté de 1901[2] n'est pas un texte qui autorise certaines fautes d'orthographe, mais un texte qui recommande aux correcteurs de ne pas enlever des points pour certaines fautes, lors des examens ou des concours de l'Éducation nationale.

▶ Ce qui se fait dans les autres pays francophones, notamment la Suisse et le Québec, n'a aucune autorité en France.

1. https://www.legifrance.gouv.fr/affichTexte.do?cidTexte=JORFTEXT000036068906
2. https://www.persee.fr/doc/inrp_0000-0000_1995_ant_5_2_2020

Cela dit, cet imbroglio contraint désormais, avant de s'adresser à quiconque, d'enquêter pour savoir s'il faut écrire au masculin ou au féminin, alors que jusqu'ici, un simple « Messieurs » en formule d'appel d'une lettre signifiait qu'on s'adressait poliment à la personne (homme ou femme) à qui le hasard confierait de traiter notre dossier.

> **Ce qui a force de loi dans les autres pays francophones ne concerne pas la France.**

À RETENIR

- Ne plus voir la grammaire comme un carcan mais comme une structure qui s'est construite au fil du temps et a permis de faire de la langue française un instrument de communication de précision.

- Nos enseignants du cycle primaire nous ont simplifié quelques règles pour que nous puissions écrire correctement la plupart du temps. À l'âge adulte, nous devons dépasser ces réflexes de base : il peut se trouver une virgule avant « et » ; on peut répéter des mots pour des raisons pratiques et le masculin ne l'emporte pas sur le féminin, puisqu'il marque simplement le genre neutre.

- L'existence de chaque règle a son explication. Les exceptions sont le fruit de licences prises par les locuteurs et qui se sont répandues au point qu'on soit obligé de considérer que c'est la norme. Si nous tolérons actuellement d'autres licences de langage, nous créons des exceptions, des difficultés de rédaction et des ambiguïtés. Nous cassons notre instrument de précision.

- Pour sauver cet instrument, seule l'Académie française a le pouvoir officiel d'encadrer la langue – en aucun cas de la réformer – et le dictionnaire qu'elle produit a un rôle prescriptif*. Les dictionnaires à l'initiative de divers éditeurs ne sont qu'un répertoire provisoire du vocabulaire employé à un moment donné. Ils ont néanmoins leur utilité.

CONSOLIDER SON VOCABULAIRE

Comme il en a été question dans la fiche 6, le vocabulaire est la clé qui donne la liberté de penser et de communiquer ses pensées. Il doit être vaste, riche, varié et couvrir plusieurs domaines. Pour cela, on ne doit jamais cesser de l'enrichir. Le site de l'Académie française[1] est la référence que les Français ont la chance de posséder pour disposer d'un code commun.

Ne pas se tromper de sens

Mot	Sens		Emploi correct
	Courant mais faux	Vrai	
Achalandé	Qui a de nombreuses marchandises	Qui a de nombreux clients	Cette boutique est l'une des mieux achalandées de la ville.
Alternative	Option	Choix entre deux options	J'en suis réduit à l'alternative de rester ou partir.
Avatar	Mésaventure	Transformation	Le règlement intérieur a subi de nombreux avatars.
Anticiper	Prévoir	Accomplir avant la date prévue	Pour être tous réunis, nous avons anticipé Noël le 20 décembre.
Clôturer	Mettre fin/ fermer	Entourer d'une clôture	Clôturer son jardin Clore son compte en banque.

1. http://www.academie-francaise.fr/dire-ne-pas-dire/emplois-fautifs

| Mot | Sens | | Emploi correct |
---	Courant mais faux	Vrai	
Collationner*	Recueillir des textes	Vérifier une copie à partir de l'original	Collationnez votre travail avant d'imprimer. Recueillez les textes nécessaires !
Conséquent	Important, gros, volumineux	Qui fait suite logiquement, qui a de la suite dans les idées	C'est une somme considérable. Son action est conséquente à ses promesses.
Confortable	À l'aise	Dans lequel on est à l'aise	Ce fauteuil est confortable, j'y suis à l'aise.
Congru	Minuscule	Qui convient exactement	Bravo ! C'est la réponse congrue.
Contondant	Tranchant	Qui blesse sans couper	Contondant comme une massue.
Définitivement	Certainement	Sans retour en arrière	Je suis absolument sûr de moi. Il est parti définitivement.
Enjeu	Intérêt/but objectif	Ce que l'on peut gagner ou perdre	L'enjeu de ce projet est notre réputation. L'objectif de ce projet est de former l'ensemble du personnel administratif.
Éponyme	Qui porte le nom de	Qui a donné son nom à	Le président Pompidou est l'éponyme du centre Beaubourg.
Errements*	Erreurs	Comportement	Conformez-vous aux errements de votre prédécesseur.
Excessivement	Au plus haut point	Plus qu'il ne faut ; abusivement	C'est très beau. Je suis extrêmement conquis.

Mot	Sens		Emploi correct
	Courant mais faux	Vrai	
Expédient	Petit boulot	Combine malhonnête	J'ai trouvé un expédient pour voir les matchs gratuitement.
Expressément	Rapidement	Officiellement	Écrivez expressément à votre directeur.
Glauque	Sordide/ Interlope	Vert eucalyptus	Le feuillage glauque de l'olivier.
Indigène	Sauvage	Natif du pays où il habite	Je suis un Français indigène.
Morbide	Macabre	Maladif/ Malsain	Une jalousie morbide.
Naguère*	Autrefois	Récemment/Il n'y a guère	Comme nous le faisions naguère.
Oblong	Ovale	Plus large que haut	Une fenêtre oblongue.
Pallier	Remédier	Dissimuler, atténuer sans résoudre	Trouvez une idée pour pallier ce défaut en attendant la nouvelle machine.
Renseigner	Écrire des informations	Donner des informations à une personne	Remplir un formulaire. Renseigner un client.
Sénile	Dément / Gâteux	Vieux/ de la vieillesse	La cataracte sénile commence à 70 ans.
Somptuaire	Exubérant/ Excessif Somptueux	Relatif aux dépenses	Ce registre témoigne d'un flou somptuaire.

Cette liste est non exhaustive.

Ne pas mélanger les lettres des mots

Faux	Vrai	Faux	Vrai
Réfrigirateur	Réfrigérateur	Mémotechnique	Mnémotechnique
Aéropage	Aréopage	Omnibuler	Obnubiler
Dilemne	Dilemme	Rénumérer	Rémunérer
Hynoptiser	Hypnotiser	Emprunte digitale	Empreinte digitale
Infractus	Infarctus	Périgrinations	Pérégrinations

Cette liste est non exhaustive.

Employer des mots français

Ne confondons pas les mots d'origine étrangère bien intégrés dans un français qui ne possédait pas d'équivalent et les mots parachutés dans certains milieux et qui se répandent par désinvolture.

Pas français	Français	Pas français	Français
Candidater	Postuler	Forwarder	Transférer
Burn-out	Épuisement, surmenage	Mainstream	Banal, conformiste
Stopper	Arrêter, bloquer	Workshop	Atelier
Team	Équipe	Impacté	Affecté, frappé
Un after work	Un pot	Dead line	Date butoir

Cette liste est non exhaustive.

Se méfier des paronymes

Les paronymes sont des mots qui, par paires (rarement plus), ont un son voisin à une syllabe près. Lorsque les deux nous sont familiers, nous ne nous en rendons même pas compte, comme c'est le cas pour « adapter » et « adopter » ou « raisin » et « raison ».

Mot	Définition	Mot	Définition
Bribe	Miette	Bride	Lanière
Censé	Supposé	Sensé	Doué de bon sens
Collision	Heurt	Collusion	Complot
Éminent	Grand	Imminent	Qui ne va pas tarder
Mettre à jour	Actualiser	Mettre au jour	Découvrir
Partial	Qui prend parti	Partiel	Incomplet

Cette liste est non exhaustive.

Se méfier des homophones

Les homophones sont des mots de sens différent, mais de son similaire, même si leur orthographe est différente.

Mot	Définition	Mot	Définition
Anale	Qui a rapport à l'anus	Annale	D'une année
Balade	Promenade	Ballade	Chanson
Cep	Pied de vigne	Cèpe	Champignon
Un fond/ des fonds	Partie la plus profonde	Un fonds/des fonds	Bien, propriété, argent
Pallier	Dissimuler, atténuer	Palier	Plateforme, étape
Repaire	Refuge	Repère	Marque, signe
Roder	Parfaire l'ajustement de pièces mécaniques	Rôder	Errer

Cette liste est non exhaustive.

Faire très attention aux homonymes parfaits

Les homonymes parfaits se prononcent et s'écrivent de la même façon. Ce qui permet de les différencier (et ce qui est facteur de fautes) est souvent un détail de leur emploi grammatical :

> Le **livre** pesant une **livre** que me **livre** le libraire vaut une **livre** sterling.

- **Genre** (féminin/masculin) : la mousse/un mousse ; la tour/un tour ; la vase/un vase…
- **Nombre** (singulier/pluriel) : le faste (la splendeur)/les fastes (les archives).
- **Nature** (verbe/nom/adjectif) : en trafiquant/un trafiquant.
- **Groupe** (2ᵉ groupe/3ᵉ groupe) : ressortir de (sortir à nouveau)/ressortir à (dépendre de).

	RESSORTIR	RESSORTIR
Préposition	de/sur	à
Sens	sortir à nouveau se distinguer de / contraster	dépendre, être du ressort de appartenir à
Groupe	3ᵉ groupe	2ᵉ groupe
Participe présent	Ressortant	Ressortissant
Présent de l'indicatif	je ressors de tu ressors de il ressort de nous ressortons de vous ressortez de ils ressortent de	je ressortis à tu ressortis à il ressortit à nous ressortissons à vous ressortissez à ils ressortissent à
Imparfait de l'indicatif	je ressortais de tu ressortais de il ressortait de nous ressortions de vous ressortiez de ils ressortaient de	je ressortissais à tu ressortissais à il ressortissait à nous ressortissions à vous ressortissiez à ils ressortissaient à

	RESSORTIR	RESSORTIR
Présent du subjonctif	que je ressorte de que tu ressortes de qu'il ressorte de que nous ressortions de que vous ressortiez de qu'ils ressortent de	que je ressortisse à que tu ressortisses à qu'il ressortisse à que nous ressortissions à que vous ressortissiez à qu'ils ressortissent à
Impératif	ressors de ressortons de ressortez de	ressortis à ressortissons à ressortissez à
Nom	Ø	un ressortissant
Exemples	Il ressort de l'immeuble. Le jaune ressort sur le violet.	Il ressortit à la CPAM. Cela ressortit à sa compétence* (c'est de son ressort). Un ressortissant français est un ressortissant de la France ; il ressortit au gouvernement français.

Vérifier pour chaque mot si le sens qu'on connaît est le seul

MOTS	DÉFINITIONS
Discipline	1. Matière enseignée
	2. Règle de comportement imposée
Conserve	1. Aliment conservé par divers procédés.
	2. Récipient qui permet de conserver quelque chose intact.
	3. Bateau qui fait route avec un autre pour le protéger.
Exploit	1. Action d'éclat, remarquable, exceptionnelle.
	2. Acte judiciaire signifié par huissier.

S'appuyer sur le sens des suffixes

Noms

Les noms se terminant par	Désignent le plus souvent	Exemples
-tion; -ement	Une action	Une concentration; un rassemblement
-toire; -rie	Un lieu	Un oratoire; une scierie
-ade; -ain	Une série	Une colonnade; un quatrain
-ure; -itude	Un état	L'usure; la solitude
-esse; -ise; -té	Une qualité ou un défaut	La gentillesse; la bêtise; la bonté
-ail; -oir	Un outil	Un éventail; un plantoir
-aie; -eraie	Une plantation	Une chênaie; une bambouseraie
-aire	Celui qui fait	Un faussaire; une missionnaire
-isme	Une doctrine	Le catholicisme; le communisme
-eur; -euse; -esse; -trice; -ier; -ière; -iste	Un métier ou un agent	Un soudeur; une factrice; un plombier; une journaliste
-ose; -ite; -isse	Une maladie	L'arthrose; l'otite; la jaunisse
-is; -ison; -aison; -ance; -ence	Un résultat	Un éboulis; une guérison; la cargaison; la brillance; l'excellence
-an; -anne -ain; -aine; -ien; -ienne; -ois; -oise	Des habitants	Des paysans; des riverains; des Parisiens; des Ariégeois
-ard; -arde; -eux; -euse; -aille	Ce qu'on méprise	Un froussard; un besogneux; la racaille

Attention, ce n'est pas mathématique!

Adjectifs

LES ADJECTIFS SE TERMINANT PAR	DÉSIGNENT LE PLUS SOUVENT	EXEMPLES
-able ; -ible	Qui peut faire ou qui peut être	Serviable ; pénible ; maniable ; visible
-et ; -ot	Diminutif	Gentillet ; pâlot
-ace ; -issime	Augmentatif	Loquace ; tenace ; richissime
-ard ; -aud ; -âtre	Péjoratif	Rigolard ; lourdaud ; grisâtre
-ain ; -iais ; -ois ; -ien ; -iste ; -esque	Qui est (du)	Hautain ; mauvais ; bourgeois ; chrétien ; communiste ; gigantesque
-al ; -el	Qui concerne	Artisanal ; postal ; éternel
-eux ; -if ; -eur ; -in	Qui est prédisposé à	Avantageux ; craintif ; vengeur ; enfantin
-e ; -é ; -i ; -u	Qui subit un état	Propre ; lavé ; puni ; barbu

Attention, ce n'est pas automatique !

> Ouvrir son dictionnaire plus souvent
> évite des entêtements qu'on regrette honteusement.

À RETENIR

- Par laxisme, nous sommes souvent victimes de plusieurs sources de confusion de mots. C'est un générateur d'incompréhension totale ou de méprises pouvant avoir de graves conséquences. Imaginez qu'un médecin proscrive un médicament et que l'infirmier lise (parce que c'est mal écrit) que le médicament a été prescrit.

- En revanche, les mots bien construits d'après le sens des racines, des préfixes et des suffixes permettent de prédire leur sens dès la première rencontre.

- Apprenez des racines, vous connaîtrez dix fois plus de mots.

ÉVITER LE JARGON, LES ABRÉVIATIONS ET LES SIGLES

Manifestement, d'autant plus qu'un groupe de personnes est nombreux et omniprésent, il ne se rend pas compte qu'il utilise un langage fait de mots, d'expressions, d'abréviations et de sigles* qui lui sont propres. L'administration par exemple – l'Éducation nationale, l'armée, le ministère des Finances – utilise des termes qui ne sont pas à la portée du premier venu. Les entreprises ne sont pas exemptes de ce travers.

Réserver le jargon aux échanges internes

Le jargon est un vocabulaire propre à un métier, à une technique, à une entreprise. Il s'est créé de lui-même et continue à évoluer.

Le jargon sert l'efficacité lorsqu'il est employé en interne. En effet, les mots utilisés sont plus précis que d'autres, au sein même d'une activité. Ils décrivent mieux des réalités qui se regroupent sous un terme générique ou une périphrase du français courant. Le jargon est efficace en ce qu'il est sans ambiguïté pour les initiés et, parce qu'il donne des messages plus concis, ceux-ci sont plus rapidement diffusés.

Ce qu'oublient trop souvent les professionnels, c'est qu'il est souvent incompréhensible, ou presque, pour les non-initiés. Le jargon a d'ailleurs été développé autrefois dans ce but par les malfaiteurs qui voulaient s'envoyer des messages secrets.

À une sortie d'autoroute, une pancarte indiquait «stockage sur deux voies» à des automobilistes qui se demandaient ce qu'il fallait bien stocker.

Après interrogation de la DDE (direction départementale de l'Équipement), cette indication est devenue : «Roulez sur deux files.»

Lorsqu'on s'adresse à la clientèle ou à des usagers, il est inversement plus efficace de traduire les termes techniques en langage de tous les jours. Ne pas le faire relève d'une volonté de mettre son interlocuteur mal à l'aise.

Les bons commerciaux savent qu'on ne vend pas à des particuliers en les abreuvant de termes techniques. Une vente se conclut en faisant valoir, selon le client et le produit, la sécurité, le confort, l'esthétique, l'économie, le prestige… en somme, des arguments qui correspondent au besoin d'achat. Vanter la composition chimique des pièces d'une voiture ou les techniques employées pour son assemblage représente, par exemple, peu dans la décision d'achat d'un particulier.

Identifier son jargon et ne l'employer qu'entre pairs.

S'interdire les abréviations personnelles ou internes

Les abréviations sont aussi une source de confusion, mais elles sont, de plus, une marque de désinvolture, voire d'inconvenance envers le lecteur.

On s'invente des abréviations pour prendre des notes (*voir la fiche 10*) et seul celui qui les a inventées a le pouvoir de reconstituer l'idée qu'elles recouvrent.

On utilise des abréviations dans les échanges entre acteurs d'un même projet, entre collègues d'un même service, entre membres d'une même entreprise. Il devrait être évident que la compréhension de ces abréviations s'arrête, tout comme le jargon, à la frontière du groupe qui les a créées.

Composer correctement les abréviations courantes

En langue française, les abréviations consistent soit en l'initiale du mot suivie d'un point, son pluriel s'obtient alors en la doublant ; soit en une amputation de la partie centrale du mot, auquel cas la dernière partie est portée en exposant et prend la marque du pluriel.

Le mot	Son abréviation	Le mot	Son abréviation
Monsieur	M.	Messieurs	MM.
Madame	Mme	Mesdames	Mmes
Maître	M^{e}	Maîtres	M^{es}
Docteur	D^{r}	Docteurs	D^{rs}
Premier	1er	Premiers	1ers
Première	1re	Premières	1res
Neuvième	9^{e}	Neuvièmes	9^{es}
Primo	1°	Numéros	N^{os}

NB : les abréviations d'unités de mesure ne prennent jamais la marque du pluriel.

Éviter les sigles*

Les sigles* et acronymes* sont un moyen rapide de désigner, à l'écrit comme à l'oral, une entité, un concept, un objet au nom à rallonge.

On parle de sigle lorsqu'on énumère les lettres (USA, RSI, ADN, VIH) et d'acronyme lorsque les lettres peuvent être prononcées comme un mot (CAF, Cedex, Opep, Ovni). Les acronymes sont parfois écrits en minuscules (laser, sida, radar…).

Cependant, si certains sigles et acronymes sont communs, d'autres sont propres à un métier, à un milieu ou à un groupe restreint. On les invente parfois par dérision comme le GCRQFPP (gros camion rouge qui fait pin-pon) des pompiers.

Développer les sigles au moins une fois dans le texte

Le plus simple est d'identifier son jargon interne et de ne pas l'utiliser dans des correspondances destinées à l'extérieur de l'entreprise.

Quant aux sigles, il suffit de les développer entre parenthèses la première fois qu'on les emploie dans un texte pour pouvoir les utiliser facilement à d'autres reprises.

Au passage, le développement d'un sigle ne prend qu'une majuscule, au premier mot du groupe, à moins de contenir un nom propre (*voir la fiche 41*).

À RETENIR

- Dans la mesure du possible, employez des mots connus dans leur sens étymologique par le plus grand nombre de locuteurs.

- Le langage propre à un métier (mots techniques, sigles…) n'est efficace qu'au sein de la corporation.

CONCENTRER LE SENS
SUR UN MINIMUM DE MOTS

La concision est de règle dans la rédaction professionnelle, parce qu'elle sert la compréhension et l'objectivité. Vous trouverez dans cette fiche quelques astuces pour y parvenir.

Se demander si tous les mots sont utiles

Si ce n'est pas le cas, on est en train d'écrire un pléonasme. Cette figure de style n'est tolérable que lorsqu'il est indispensable d'insister pour se faire entendre.

ÉLIMINER	PEUT-ON ?	EMPLOYER
Abolir définitivement	Abolir pour un temps ?	Abolir
Supprimer totalement	Supprimer un peu ?	Supprimer
Achever complètement	Achever sans tout finir ?	Achever
Collaborer ensemble	Collaborer seul ?	Collaborer
Se réunir ensemble	Se réunir seul ?	Se réunir
S'entraider mutuellement	S'entraider en solitaire ?	S'entraider
Accumuler les uns sur les autres	Accumuler autrement ?	Accumuler
Prévoir à l'avance	Prévoir après ?	Prévoir
Différer à une date ultérieure	Différer à une date passée ?	Différer
En plus j'ajouterai	Ajouter en moins ?	En plus *ou* j'ajouterai
Rédiger par écrit	Rédiger autrement ?	Rédiger

ÉLIMINER	PEUT-ON ?	EMPLOYER
Il suffit simplement de	Suffire complexement ?	Il suffit de
Ils sont tous unanimes	Être unanimes en partie ?	Ils sont unanimes
Au grand maximum	Faire plus que le maximum ?	Au maximum
Dans les quatre ans à venir	Dire «dans les quatre ans passés» ?	Dans les quatre ans
Le monopole exclusif	Avoir un monopole partagé ?	Monopole/exclusivité
Réciproque de part et d'autre	Avoir une réciprocité à sens unique ?	Réciproque
Un objectif d'avenir	Avoir un objectif pour réformer le passé ?	Un objectif
Une erreur involontaire	Faire des erreurs volontaires ?	Une erreur
Un risque de danger	Risque = danger = péril = menace	Un risque/un danger
Un risque potentiel	Un risque est une possibilité de dommage	Un dommage potentiel Un risque d'accident
Un pronostic d'avenir	Un pronostic est une prédiction	Un pronostic

Bannir lieu commun, poncif, clichés, banalités

« Céder au chant des sirènes » (se laisser séduire)
« Instaurer la politique de l'autruche » (ignorer le danger)
« Trancher le nœud gordien » (employer une solution radicale)
« Être sous la houlette, sous la férule, sous l'égide »

Elles sont imprécises, voire plus du tout comprises (par exemple, sous la houlette, on est conduit, sous la férule, on est dominé et sous l'égide, on est protégé) et privent les textes d'efficacité.

Éviter euphémismes et langage « politiquement correct »

Un euphémisme est une expression que l'on invente pour dire avec douceur une chose qui dérange : un handicap, une différence, une infériorité. Ainsi parle-t-on de non-voyants, de demandeurs d'emploi, de pays émergents, d'évolution des prix, de ménages modestes, etc. au lieu d'aveugles, de chômeurs, de pays pauvres, d'augmentation des prix, de pauvres.

À moins d'être dans une position contraignant à l'emploi d'euphémismes politiquement corrects, mieux vaut appeler les choses par leur nom.

> « Il faut appeler un chat, un chat.
> Si les mots sont malades, c'est à nous de les guérir. » (Sartre)

À RETENIR

Par automatisme, nous reproduisons des associations de mots peu performantes. Mieux vaut :

- Éviter les pléonasmes.
- Éviter les clichés.
- Éviter les euphémismes.

FAIRE DES PHRASES CONCISES

Au-delà du sens des mots, il faut s'attaquer aux structures de phrases et oser supprimer les mots qui, par leur nature, n'apportent que des détails qui sont parfois complètement inutiles, voire nuisibles à une communication scrupuleuse.

Connaître la valeur des mots

Le verbe

L'agencement des mots dans une phrase reproduit la structure d'une galaxie dont le verbe serait le noyau. Le verbe incarne soit :

▶ Une **action**

Aiguiser, cultiver, gonfler, soigner, tendre, tourner, agiter, labourer...

▶ Un **état**

Être, paraître, sembler, demeurer, rester...

L'adverbe

Autour du verbe gravite l'adverbe, mot invariable qui précise – si besoin – le sens du verbe.

Vite, précisément, bien, ensemble, complètement, volontiers, mal, davantage, délicatement, trop...

Le nom

Le nom (ou substantif) gravite autour du verbe en assumant deux fonctions :

▶ Le nom sujet qui fait l'action du verbe.

L'infirmière soigne les malades.

▶ Le nom complément qui participe à l'action du verbe.

*L'infirmière soigne les **malades** à **domicile** les **jeudis.**
(ici, trois noms compléments)*

L'adjectif

Quelle que soit sa fonction, le nom peut être précisé – si besoin – par un adjectif qui s'accorde en genre et en nombre avec lui.

*L'infirmière **habituelle** soigne les maladies **graves** à domicile les jeudis **impairs**.*

L'adjectif peut éventuellement être précisé par un adverbe (mot invariable).

*Les maladies **très** graves.*

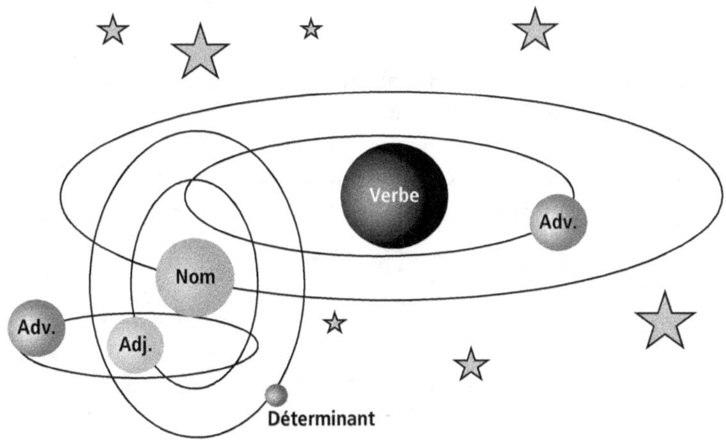

Figure 26.1

Une phrase fait part d'une action ou d'un état représenté par le verbe.

Redonner sa valeur d'action au verbe

Lorsqu'on écrit une phrase, on veut faire part d'une action, plus rarement d'un état. Cette action doit être portée par le verbe.

Quand on s'exprime sans se surveiller, on néglige l'importance du verbe et on laisse un autre mot de la phrase porter l'action. C'est-à-dire que quelqu'un ou quelque chose, par exemple, « fait pression » au lieu de « presser », au lieu d'« appuyer », au lieu de « comprimer », au lieu d'« obliger », au lieu de « harceler » (verbes aux sens éloignés, mais qui peuvent tous être remplacés par « faire pression »).

Dans le cas ci-dessus, le sens est porté par un nom (« pression »), mais il arrive qu'on le laisse porter par :

▶ un adverbe

*Il **va** <u>devant</u> nous ; Il nous **devance**.*

▶ un adjectif

*Il **est** <u>négligent</u> dans son travail ; Il **néglige** son travail.*

▶ un participe

*Les techniciens **mettent** en place un repère **limitant** la zone d'intervention ; Les techniciens **limitent** la zone d'intervention.*

Construire une phrase concise commence donc par la recherche d'un verbe précis qui incarne exactement l'action dont on veut parler.

Verbe faible	Verbe fort
Il est différent dans son <u>comportement</u>.	Il se comporte différemment.
Ces directives <u>sont applicables</u> à tous les employés qui <u>font usage</u> de notre système.	Ces directives s'appliquent à tous les employés qui utilisent notre système.
Vous devrez <u>apporter</u> <u>des modifications</u> aux procédures en cours.	Vous modifierez les procédures en cours.

Verbe faible	Verbe fort
Une technique de pointe <u>devient</u> rapidement <u>périmée</u>.	Une technique de pointe se périme rapidement.
La mise en <u>application</u> de cette loi <u>interviendra</u> le 3 mai.	Cette loi s'appliquera le 3 mai.

Vouloir être précis conduit à être concis.

Ne pas se contenter d'«il y a»

Faire du complément le sujet et trouver un verbe précis, par exemple :

Il y a une triple difficulté <u>dans</u> cette affaire.
Cette affaire **se heurte** à (rencontre, s'achoppe à) trois difficultés.

Il y a un très fort <u>décalage</u> entre ses actes et son discours.
*Un abîme **sépare** (éloigne) son discours de ses actes.*

Il y a un <u>lien</u> entre urgence climatique et urgence sociale.
*Urgence climatique et urgence sociale **sont liées**.*

Chasser les adjectifs
et les adverbes inutiles

▸ Parce qu'ils n'ajoutent pas de sens (pléonasme ; voir la fiche 25).

▸ Parce qu'ils font partie d'une association routinière et agaçante.

une bonne retraite ; un dur labeur ; une source sûre ; un doute sérieux ; un fâcheux contretemps, un sombre pressentiment…

▸ Parce qu'ils sont **contradictoires.**

Les «sombre clarté», «silence assourdissant», «clameur muette» sont des figures de style (oxymore) destinées à surprendre. Celles qui sont rebattues ne surprennent plus et sont de «remarquables banalités».

Dans les écrits utiles comme les écrits professionnels, les figures de style, pas plus que les banalités, n'ont leur place. Chaque mot doit être concret.

▸ Parce qu'ils sont **tendancieux.**

Est-il utile de dire qu'une action a été réalisée *vite, précisément, bien, mal, ensemble, complètement, volontiers, bien, davantage, délicatement, trop...* ou cette précision (imprécise au demeurant) ne conduit-elle qu'à suggérer une opinion sur la qualité du résultat ou de l'acteur ?

Est-il utile de parler d'une *erreur monstrueuse* ? D'un *mensonge pervers* ? « Erreur » et « mensonge » ne suffisent-ils pas ?

À noter qu'une évaluation avantageuse au présent peut desservir dans l'avenir. On regrettera par exemple d'avoir fait valoir une *« magnifique demeure »* pour obtenir un prêt, lorsqu'il s'agira de faire réduire une dette.

À RETENIR

- Se demander systématiquement ce qu'apportent chaque adjectif et chaque adverbe. Éliminer ceux qui n'apportent rien au message et ceux qui laissent transpirer un avis personnel.

- Utiliser des verbes porteurs de sens.

BANNIR LES BOUFFISSURES

On commence trop souvent un texte sans en avoir fait le plan, ne serait-ce que de tête. On se laisse porter par la douce musique de phrases habituelles sans peser leur valeur informative. Elles contribuent à noircir rapidement du papier, puis posé, par exemple, l'horrible « suite à » (*voir la fiche 34*), les doigts s'écartent du clavier et restent en suspens, car rien d'autre ne vient.

L'administration a développé quelques habitudes de langage qui n'apportent absolument rien au message, sinon de la lourdeur. Elles réunissent souvent plusieurs des défauts identifiés aux fiches 24, 25 et 26. Le lecteur, au mieux, comprend de travers, au pire, pense qu'on veut le rouler. Pourtant, rien n'a jamais obligé les rédacteurs, qu'ils appartiennent à la fonction publique ou pas, à employer ces tournures ampoulées.

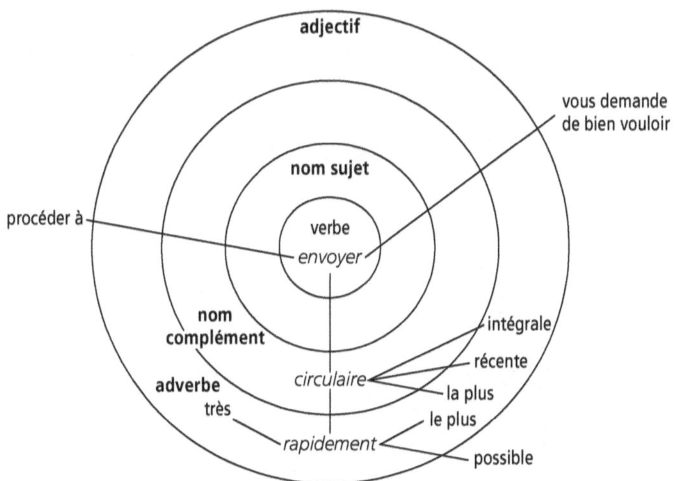

Figure 27.1. Phrase bouffie :
« Je vous demande de bien vouloir procéder
à l'envoi de la plus récente circulaire très rapidement. »

Si on reprend l'exemple de notre phrase-galaxie (*voir la fiche 26*), ces bouffissures sont complètement en dehors de l'ellipse syntaxique et devraient échapper à la gravitation. Il faut les laisser se perdre définitivement dans l'espace.

▶ Cette phrase est imprécise : il faut donner la référence du document et une date. L'action, au lieu d'être représentée par le verbe, est portée par le nom « envoi ». Le message dépouillé est exactement : « Envoyer circulaire X avant le Y ». « **Procéder à** » et « **vous demande de bien vouloir** » sont complètement inutiles.

▶ Phrase concise : « Veuillez m'envoyer le document X avant le Y. »

À RETENIR

- Ne pas vouloir inscrire son propos dans une formulation routinière, mais construire sa phrase à partir de l'action dont il faut faire part, en faire un verbe puis y joindre son sujet et les compléments indispensables et seulement ceux-là.

COMMENT EXPRIMER LES ACTIONS CONCRÈTES

C'est à l'aide des modes (indicatif, conditionnel, subjonctif, infinitif, participe) et des temps (passé, présent, futur) que nous pouvons exprimer des nuances, des relations entre les actions.

Situer les actions concrètes sur l'axe du temps

Les actions certaines, avérées, concrètes du passé, du présent ou du futur s'expriment au mode indicatif. Dans le domaine des actions certaines (ni douteuses, ni soumises à condition), de nombreuses nuances existent et il se révèle indispensable de les exprimer.

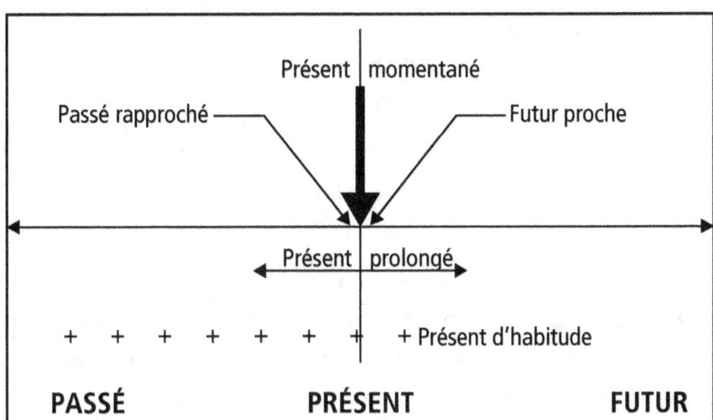

Figure 28.1

Pour exprimer une action avérée :	Employer	Exemple
Qui se déroule au moment où l'on parle	Indicatif présent	J'écris.
Qui a déjà commencé, mais qui dure		Il ne dit rien depuis trois jours.
Qui vient à peine de s'accomplir		Il vient de partir.
Qui va se faire aussitôt		J'arrive !
Qui se produit régulièrement, et encore maintenant		Tous les matins j'écris.
Qui est une vérité générale		Le soleil se couche à l'ouest.
Qui s'est produite régulièrement, mais plus maintenant	Indicatif imparfait	J'allais au gymnase deux fois par semaine.
Qui a duré dans le passé		En 2010, je travaillais chez Truc.
Qui a duré dans le passé et qui dure encore		Je le pensais déjà l'année dernière.
Qui a très peu duré dans le passé et qui est complètement terminée au présent	Indicatif passé composé	J'ai terminé mon rapport.
Qui a été brève dans le passé[1]		Il est parti à dix heures.
Qu'on a prévu de faire	Indicatif futur	J'irai.

À noter que peu de nuances sont à exprimer pour les actions qui ne sont pas encore réalisées. Lorsqu'un degré de certitude est à exprimer au futur, on se sert d'adverbes : « certainement », « peut-être », « probablement » ; ou de la négation : « Je ne le ferai pas ».

Quoi qu'on en pense au plus profond de soi, lorsqu'on exprime une action au futur de l'indicatif, elle n'est, pour le lecteur, ni douteuse,

---

1. Le temps parfait pour exprimer cette nuance est le passé simple de l'indicatif, mais, dans le milieu professionnel, on lui préfère le passé composé.

ni soumise à condition. Elle n'est tout simplement pas encore réalisée.

Cela dit, les nombreuses nuances du présent de l'indicatif permettent de l'utiliser pour des actions passées, présentes ou futures :

«Des objets *disparaissent* depuis quelques mois. La multiplication de ce genre d'incidents *nécessite* des mesures. Ainsi, à partir de mercredi, cette nouvelle organisation *s'applique :*

– *premièrement les vêtements de travail ne **quittent** le vestiaire que pour être lavés ;*

– *deuxièmement…»*

Situer les actions concrètes les unes par rapport aux autres

Certaines actions se passent avant ou après une autre, que ce soit dans le passé ou dans le futur. On emploie alors les temps composés de l'indicatif.

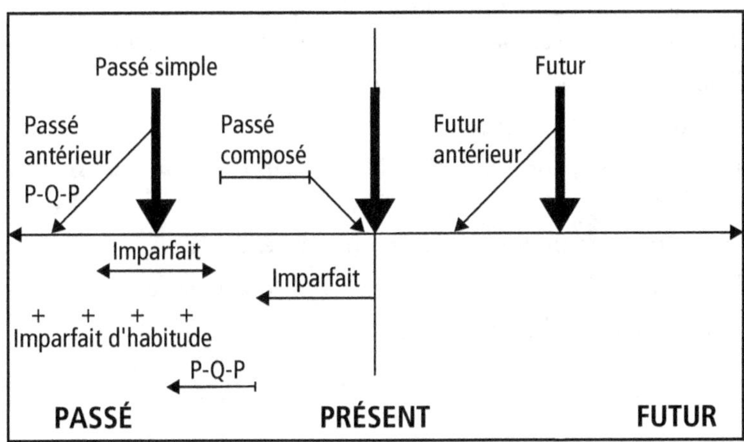

Figure 28.2

> *Quand* je serai arrivé, je téléphonerai. / Je téléphonerai *après que* je serai arrivé.
>
> *Quand vous aurez payé, je vous remettrai le produit / Je vous remettrai le produit après que vous aurez payé.*
>
> *Personne n'a bougé après que l'alarme a retenti. / Après que l'alarme a retenti, personne n'a bougé[1].*
>
> *Quand ils avaient verrouillé la chambre forte, nous partions. / Nous ne partions qu'après qu'ils avaient verrouillé la chambre forte.*
>
> *Personne ne rentre après que la sonnerie a retenti !*

L'action antérieure est exprimée à un temps composé de l'indicatif, c'est-à-dire une combinaison de l'auxiliaire (*être* ou *avoir*) conjugué au présent, à l'imparfait ou au futur et du verbe au participe passé.

Accorder correctement le participe passé

Le verbe conjugué s'accorde toujours avec le sujet.

Le participe passé s'accorde soit avec le sujet, soit avec le complément d'objet direct s'il est placé avant le verbe. Les critères sont :

- l'auxiliaire employé (*être* ou *avoir*) ;
- la nature du COD (pronoms : *en, l'*) ;
- l'existence d'un pronom réfléchi ou réciproque (*me, te, se, nous, vous, se*) ;
- la fonction grammaticale de ce pronom réfléchi ;
- la présence d'un infinitif à la suite du participe passé ;
- le sujet de cet infinitif.

1. Pour exprimer ce rapport au temps, en style littéraire, on emploi le couple passé simple/passé antérieur.

AUXILIAIRE *ÊTRE*	Qui est-ce qui est (verbe)? = sujet	X a (verbe) qui? quoi? = COD	X a (verbe) à/ de qui? quoi? = COI
Si l'auxiliaire est «être» et qu'il n'y a pas de complément d'objet :			
Accord avec le sujet — Elles sont arriv**ées** en retard	Elles	Ø	Ø
Ils étaient parti**s** en mission.	Ils	Ø	Ø
Nous serons revenu**s** le 15	Nous	Ø	Ø
Si le verbe est pronominal et que le sujet (représenté par le pronom *se*) est aussi complément d'objet direct			
Accord avec le sujet — Elles se sont absent**ées**	Elles	Se mis pour Elles	Ø
Ils se sont impos**és**	Ils	Se mis pour Ils	Ø
Ils se sont battu**s**	Ils	Se mis pour Ils	Ø
Ils se sont lav**és**	Ils	Se mis pour Ils	Ø
Si le verbe est pronominal et que le pronom *se* est complément d'objet indirect			
Accord avec le COD s'il est placé avant — Elles se sont arrogé_ le droit de s'absenter vendredi	Elles	Droit	Se
Ces pouvoirs de décision qu'elles s'étaient arrog**és**...	Elles	Pouvoirs	S'
Elles se sont menti_	Elles	Ø	Se
Ils se sont lavé_ les mains	Ils	Mains	Se
Les mains qu'ils se sont lav**ées**	Ils	Mains	Se
Ils se sont imposé_ une tâche	Ils	Tâche	Se
La tâche qu'ils se sont impos**ée**	Ils	Tâche	Se
Elles se sont succédé_	Ils	Ø	Se
Si le verbe est pronominal et que le pronom *se* n'a aucune fonction grammaticale			
Accord avec le sujet — Elle s'est sais**ie** du dossier	Elle	Dossier	Ø
Elles se sont souvenu**es** de leur rencontre	Elles	Ø	rencontre
Ils ne se sont pas souci**és** des conséquences	Ils	Ø	conséquences

NB : Les verbes pronominaux qui ne peuvent pas avoir de COD ne s'accordent jamais : *se plaire, se complaire, se déplaire, se rire, se convenir, se nuire, se mentir, s'en vouloir, se ressembler, se sourire, se succéder, se suffire, se survivre...*

Le participe passé (employé avec *être* ou *avoir*) suivi d'un infinitif

Exemples / Critères d'accord	PP suivi d'un infinitif? Non	Oui	COD?	Placé avant? Non	Oui	Fait l'action de l'infinitif? Non	Oui	Accord Non	Oui
L'imprimante qu'on nous a donn**ée**	✓		Imprimante		✓				✓
L'imprimante qu'on nous a donné_ à réparer		✓	Imprimante		✓	✓		✓	
On nous a donné une imprimante	✓		Imprimante	✓				✓	
On nous a donné_ une imprimante à réparer		✓	Imprimante	✓		✓		✓	
Il les a laiss**és** partir		✓	Les		✓		✓		✓
Il les a laissé_ sanctionner		✓	Les		✓	✓		✓	
Il les a laiss**és**	✓		Les		✓				✓
Elle s'est sent**ie** mourir		✓	S' mis pour Elle		✓		✓		✓
Elle s'est senti_ piquer par un moustique		✓	S' mis pour Elle		✓	✓		✓	
Elle a senti_	✓							✓	
Les candidats se sont vu_ pénaliser		✓	Se		✓	✓		✓	
Les candidats ont été vu**s**	✓								✓

« Dit », « pensé », « cru » et « fait » suivis d'un infinitif sont invariables.
La note que j'ai fait_ rédiger ; On les a fait_ marcher ;
Les consignes que j'avais pensé_ respecter ;
Les lois qu'il m'avait dit_ connaître ;
Les promesses que j'avais cru_ tenir.

En règle générale, les participes passés construits avec l'auxiliaire *avoir* s'accordent avec le complément d'objet direct si celui-ci est placé avant. Mais sont invariables :

▶ Le participe passé des verbes impersonnels ou pris impersonnellement.

> Si vous aviez vu toutes les perturbations qu'il y a eu_.
> *Les crédits qu'il a fallu_.*

▶ Le participe passé ayant leur COD représenté par le pronom personnel «en»[1].

> Ils ont eu besoin de fournitures et ils **en** ont commandé_.
> *Des notes, elles **en** ont beaucoup rédigé_ dans leur carrière.*

▶ Le participe passé ayant pour COD le pronom «l'» mis pour la principale.

> *Il est plus fort que je ne l'avais pensé_. (qu'on avait pensé qu'il était fort)*
> *L'affaire fut plus rentable qu'on ne l'avait espéré_. (qu'on avait espéré qu'elle serait rentable)*
> <u>Martine,</u> *nous ne l'avons pas crue. («l'» mis pour «Martine» nom COD)*
> <u>L'élection,</u> *nous l'avons souhaitée. («l'» mis pour «élection» nom COD)*

▶ « Dit, dû, su, voulu, cru, pu, pensé, permis, prévu… » lorsque le COD est un infinitif ou une proposition sous-entendue.

> *Il a donné toute l'énergie qu'il a pu_ (donner).*
> *Ses fonctions n'ont pas été celles qu'il avait cru_ (qu'elles seraient).*
> *Il nous a dit des <u>choses</u> que nous n'avons pas cr<u>ues</u>. (les choses)*

Attention ! Ne pas prendre un complément de quantité pour un COD avec les verbes «coûté, valu, pesé, marché, couru, vécu, dormi,

---

1. En fait, bien que représentant le COD, «en» est devenu COI ; il répond à la question «de quoi ?» et non pas «quoi ?».

régné, duré… ». Un COD répond à la question « quoi ? » tandis qu'un complément de quantité répond à la question « combien ? ».

Les six mille euros que ce projet m'a coûté_. (Combien a coûté ce projet ?)
Les efforts que mon travail m'a coûté_s. (Qu'est-ce que ce travail a coûté ?)
Pendant les deux heures que notre réunion a duré_. (Combien de temps a-t-elle duré ?)
Les solutions que j'ai pesé_es. (Qu'est-ce que j'ai pesé ?)

À RETENIR

- Les conjugaisons ne sont pas un carcan mais une aide à la communication.

- L'indicatif sert à exprimer les actions réelles accomplies, en accomplissement ou à accomplir.

- Certains temps sont composés d'un auxiliaire et du participe passé du verbe conjugué pour exprimer l'accomplissement d'une action avant une autre.

- L'accord du participe passé ne se limite pas à ce qu'il nous reste de l'enseignement scolaire. Une grande majorité d'entre nous a oublié les règles d'accord secondaires mais néanmoins très importantes.

COMMENT EXPRIMER UNE ACTION SOUMISE À CONDITION

Le conditionnel est un mode qu'il faut savoir percevoir lorsqu'on exploite des textes. Dans le cas contraire, on peut très bien prendre pour réelle, accomplie ou à accomplir, une action complètement incertaine.

Exprimer au conditionnel les actions conditionnées par la réalisation d'une autre

Attention! C'est bien l'action soumise à condition qui est formulée au conditionnel ; la condition s'exprime à l'indicatif (*voir la fiche 28*), au gérondif ou par un groupe de mots compléments de circonstance.

CONDITION	ACTION POSSIBLE SI LA CONDITION EST REMPLIE
Si je gagnais au loto	j'arrêterais de travailler.
En l'avertissant	vous lui rendriez service.
Je ne peux pas	mais je l'aurais fait volontiers.
Si j'avais les moyens	je créerais une entreprise.
Sans son travail	il s'ennuierait.
À les entendre	ils changeraient le monde.

Et rien n'oblige à ce que la condition soit donnée en premier.

Action possible si la condition est remplie	Condition
J'arrêterais de travailler	si je gagnais au loto.
Vous lui rendriez service	en l'avertissant.
Je l'aurais fait volontiers	mais je ne peux pas.
Il s'ennuierait	sans son travail.
Ils changeraient le monde	à les entendre.

Noter que l'action est (ou pas) réalisable

▶ La supposition est irréalisable au passé et au présent.

S'il faisait beau (aujourd'hui), je sortirais (aujourd'hui) → irréalisable parce qu'il ne fait pas beau, sinon je dirais : Puisqu'il fait beau, je sors.
S'il avait fait beau (hier), je serais sorti (hier) → irréalisable. Même chose : sinon j'aurais dit : Comme il a fait beau hier, je suis sorti.

▶ La supposition n'est réalisable qu'au futur. Quand la supposition est réalisable, elle est exprimée par le futur de l'indicatif. C'est réalisable parce qu'on ne sait rien du lendemain.

S'il fait beau (demain), je sortirai.

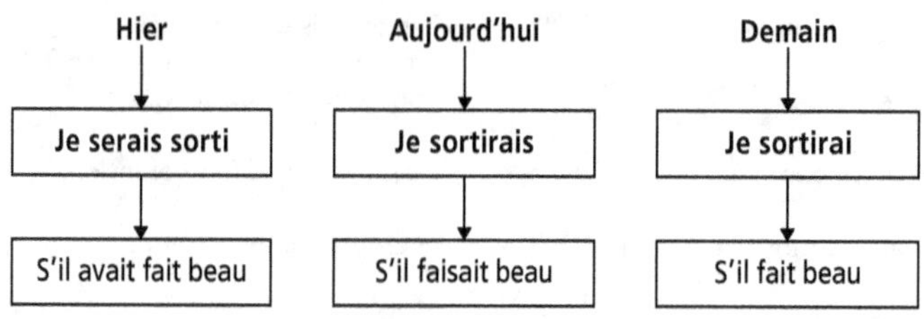

Figure 29.1

À RETENIR

- Tout verbe au conditionnel exprime une action qui n'a pas eu lieu et n'aura (ou n'aurait eu) lieu que si une autre action est accomplie.

- De fausses nouvelles se répandent à cause de lecteurs qui n'ont pas su reconnaître un conditionnel.

- C'est l'action soumise à condition qui s'exprime au conditionnel. La condition est certaine, réelle, et s'exprime à l'indicatif.

COMMENT EXPRIMER LES ACTIONS INCERTAINES

Le subjonctif n'est pas « le mode qu'il faut employer après le mot que ». C'est un mode qui exprime le doute.

Exprimer les actions incertaines au subjonctif

▶ Les actions incertaines sont celles qu'on redoute, qu'on souhaite[1], qu'on désire ; elles suivent des verbes comme :

Je m'attends à ce[2]/ J'appréhende / Je crains / Je redoute que la concurrence ne[3] se fasse plus rude.

Je souhaite / Je désire / J'ai envie que nos ventes augmentent de 25 %.

▶ Celles aussi qui provoquent un sentiment positif ou négatif (heureux, triste, satisfait, indigné) :

Je suis content / fâché / surpris que cette rencontre ait lieu.

▶ Mais aussi celles que l'on veut, que l'on exige, que l'on ordonne, que l'on accepte (car rien, en fait, n'indique que l'on sera obéi) :

J'exige / J'ordonne que ce soit rangé d'ici ce soir !

Il faut que nous remportions cet appel d'offres !

---

1. Mais le verbe « espérer » est toujours suivi de l'indicatif : *J'espère qu'il viendra.*
2. Lorsque le verbe s'articule avec la préposition « à », on insère le pronom « ce ».
3. Ce « ne » n'est pas une négation.

▶ Et celles qui représentent un but, une concession, une échéance :

*... **pour** que nous puissions obtenir une remise.*

*... **avant** qu'ils aient la même idée.*

*... **pourvu que** vous réussissiez.*

*... **bien que** je le connaisse.*

À RETENIR

- Si le subjonctif est toujours précédé de « que », « que » n'est pas toujours suivi du subjonctif.

- Le subjonctif exprime les actions incertaines et suit obligatoirement certaines locutions.

MAÎTRISER LE STYLE IMPERSONNEL

Les documents professionnels qui servent à faire tourner les rouages de la communication interne sont destinés à des fonctions et non à des personnes. En cela, ils doivent être pratiques, aseptisés, sans affect. Pour aider à ce résultat, ils se rédigent en style impersonnel. Concrètement, il ne faut y lire ni «je», ni «nous», ni «on». Pour ce faire, on peut utiliser :

▸ La phrase impersonnelle, avec un verbe impersonnel comme «il s'agit»; «il advient»; «il faut»; «il se peut» ou des verbes d'état à la 3ᵉ personne du singulier comme «il est»; «il apparaît»; «il semble»; «il n'en demeure pas moins»; «il reste». Le résultat est souvent assez lourd.

▸ La phrase à la voix passive. Dans ce cas, le sujet subit l'action et l'acteur devient complément d'agent.

J'ai archivé le dossier → Le dossier a été archivé (par moi).

La voix passive n'est idéale ni pour la dynamique du texte, ni pour une bonne compréhension.

▸ La voix active impersonnelle où le complément devient réellement sujet.

J'ai enquêté sur plusieurs sites et j'en ai conclu la supériorité de cette **technique** *→ Après enquête sur plusieurs sites, cette* **technique** *se révèle supérieure.*

Style personnel	Style impersonnel	
Je remarque que le taux de réussite du groupe A est supérieur.	Phrase impersonnelle	Il apparaît que le taux de réussite du groupe A est supérieur.
	Voix passive	La remarque a été faite que le taux de réussite du groupe A est supérieur.
	Active impersonnelle	Le groupe A a obtenu un taux de réussite supérieur.
Nous avons établi la liste des données après consultation des documents.	Phrase impersonnelle	Il a été établi une liste des données après consultation des documents.
	Voix passive	La liste des données a été établie après consultation des documents.
	Active impersonnelle	La consultation des documents a permis d'établir la liste des données.
Nous avons décidé d'augmenter nos tarifs à partir du 1er janvier.	Phrase impersonnelle	Il a été décidé d'augmenter les tarifs au 1er janvier.
	Voix passive	Les tarifs seront augmentés au 1er janvier.
	Active impersonnelle	Les tarifs augmentent au 1er janvier.
On a remis les récompenses aux lauréats.	Phrase impersonnelle	Il a été procédé à la remise des récompenses aux lauréats.
	Voix passive	Les récompenses ont été remises aux lauréats.
	Active impersonnelle	Les lauréats ont reçu leurs récompenses.

À RETENIR

- Le style impersonnel s'impose quand les documents s'échangent entre fonctions, même si la personne qui remplit la fonction change.

- Ces documents doivent être pratiques, aseptisés et sans affect.

- Ils ne doivent contenir ni « je », ni « nous », ni « on ».

- Il y a trois façons d'exprimer le style impersonnel.

- Préférer la voix active impersonnelle.

LISSER SON PROPOS

Il y a un temps pour tout, notamment un temps pour être neutre, soit ne pas s'impliquer quand on traite des informations dans le seul but qu'il soit plus facile à quelqu'un d'autre d'en prendre connaissance et de se faire sa propre opinion.

Et il y a un temps pour s'impliquer avec objectivité lorsqu'on a à présenter des idées sur différentes affaires concernant l'entreprise.

Enfin, il y a un temps pour user de diplomatie afin de conserver de bonnes relations avec la clientèle, la concurrence, les collègues, les autorités.

La diplomatie ne doit pas être considérée comme du mensonge ou de l'hypocrisie. La diplomatie est un outil de travail qui fait avancer les choses. En effet, à quoi sert de braquer les gens et de créer une frontière définitive qui interdira tout échange?

La diplomatie ne consiste pas à proclamer des contre-vérités et ne demande pas d'afficher des sentiments que l'on n'a pas. Au travail, pour être efficace, les sentiments restent au vestiaire. Il existe toujours une zone de collaboration positive quand on s'en tient aux faits et aux objectifs. La diplomatie, c'est l'art de dire des vérités avec des gants pour qu'elles soient acceptées sans heurts ou pour qu'on puisse essuyer un refus sans vexation et que les relations puissent continuer.

Choisir ses verbes

Verbes rebutants	Verbes engageants
Vouloir, exiger, affirmer, protester, déclarer, jurer, proclamer, contester, ordonner, enjoindre, se tromper, revendiquer, sommer…	Souhaiter, préférer, avancer, confesser, attendre, compter sur, convier, inviter, prier, solliciter, confondre, remarquer, estimer, opter, pencher, supposer, proposer, constater…

Utiliser un temps et un mode verbal qui adoucissent l'affirmation

Le futur de l'indicatif

PROPOS FRUSTES	PROPOS LISSÉS
Vous vous êtes trompé.	Vous aurez sans doute confondu.
Remettez-moi votre rapport demain matin !	Vous me remettrez votre rapport demain matin.
Reconnaissez que vous êtes en tort !	Vous reconnaîtrez votre part d'implication.

Le conditionnel

PROPOS FRUSTES	PROPOS LISSÉS
Je veux	Je voudrais
	J'aurais souhaité
	Je serais intéressé par
Dites-moi !	J'aimerais savoir
	J'aurais aimé savoir
Donnez-moi !	N'auriez-vous pas ?
	Me donneriez-vous ?

Interroger

PROPOS FRUSTES	PROPOS LISSÉS
Vous vous trompez !	Êtes-vous sûr de ce que vous avancez ?
Livrez-moi cette semaine.	Pourrez-vous me livrer cette semaine ?
Dites-moi !	J'aimerais savoir si…
	Pourriez-vous me dire ?
Passez au cabinet demain !	Pourriez-vous passer au cabinet demain ?

Poser une question indirecte

PROPOS FRUSTES	PROPOS LISSÉS
Vous l'avez fait exprès !	Je me demande si vous l'avez fait exprès.
Pourquoi avez-vous démissionné ?	Personne ne comprend pourquoi vous avez démissionné.
Vous le saviez !	Je me demande si vous le saviez.
Pourquoi avez-vous fait ça ?	Je ne comprends pas pourquoi vous avez agi ainsi.

Utiliser la forme interro-négative[1]

PROPOS FRUSTES	PROPOS LISSÉS
Vous saviez que ce produit avait un défaut.	Ne saviez-vous pas que ce produit avait un défaut ?
Il faut attendre !	Ne croyez-vous pas qu'il vaut mieux attendre ?
Il savait qu'il risquait sa place.	Ne se rendait-il pas compte qu'il risquait sa place ?
Vous l'avez fait exprès !	Ne l'auriez-vous pas fait exprès ?

Parler en « Je »

PROPOS FRUSTES	PROPOS LISSÉS
Vous avez tort !	Je ne suis pas de votre avis.
	Je vais y réfléchir.
Remettez-moi votre rapport demain matin !	Je souhaiterais avoir votre rapport demain matin !

1. La forme négative exige deux éléments encadrant le verbe.

Déplacer ou recadrer

Propos frustes	Propos lissés
Vous avez tort.	Nous nous éloignons du sujet.
Calmez-vous !	Voudriez-vous qu'on se rencontre ?
Vos produits sont obsolètes.	Je n'ai pas l'usage de vos produits.
Vous nous avez livré en retard.	Je vous ferai remarquer que nous n'avons pas reçu les marchandises à la date prévue.
Vous vous êtes trompé.	Il me semble voir une erreur.

À RETENIR

- On « lisse » son expression pour ne pas bloquer les rouages qui font fonctionner le travail (passer des consignes, demander, proposer, critiquer… sans braquer le destinataire).

- Lisser ses propos, c'est choisir ses mots, employer un verbe adéquat, utiliser des modes et des temps qui tempèrent les intentions.

- C'est aussi faire apparaître une autre facette moins rude du message.

PONCTUER PERTINEMMENT

Une mauvaise ponctuation peut déformer un message.

Employer chaque signe à bon escient

Le signe	Son nom	Sa fonction	Sa saisie
.	Point	Marque la fin d'une phrase.	Suivi d'une majuscule ; pas d'espace avant, une espace après.
...	3 points de suspension	Marquent une suppression, une interruption ou un sous-entendu. Pour ces raisons n'ont rien à faire en rédaction professionnelle.	Suivis d'une majuscule ; pas d'espace avant, une espace après.
:	2 points	Introduisent une explication, une citation, une énumération.	Suivis d'une minuscule sauf s'ils introduisent une citation ; une espace avant, une espace après.
,	Virgule	Sépare des éléments de la phrase. Une virgule mal placée peut changer le sens d'une phrase. Jamais de virgule entre un verbe et son sujet.	Suivie d'une minuscule ; pas espace avant, une espace après.
;	Point-virgule	Sépare deux propositions d'une phrase le plus souvent en marquant un lien logique. C'est en quelque sorte une «supervirgule»	Suivi d'une minuscule ; une espace avant, une espace après.

Le signe	Son nom	Sa fonction	Sa saisie
!	Point d'exclamation	Termine une phrase exclamative. De la sorte, n'a rien à faire en rédaction professionnelle ou administrative.	N'est suivi d'une majuscule que lorsqu'il termine une phrase. Une espace avant, une espace après.
?	Point d'interrogation	Ne s'emploie qu'à l'issue d'une question directe.	Va toujours en un seul exemplaire.
()	Parenthèses	Isolent une précision. Leur contenu n'influe pas sur l'accord de la phrase.	Une espace avant l'ouverture, pas d'espace après et inversement pour la fermeture.
« »	Guillemets	Mettent en relief une citation ou un mot employé sciemment hors de son champ habituel.	Une espace avant l'ouverture, une demi-espace après et inversement pour la fermeture.

Ne jamais oublier qu'une virgule peut changer le sens d'une phrase

Seule, l'assistante attendait = L'assistante était seule et attendait.

Seule l'assistante attendait = Il n'y avait que l'assistante qui attendait.

Trois autres criminels confirmés furent arrêtés avec X = X est aussi un criminel.

Trois autres, criminels confirmés, furent arrêtés avec X = Les autres sont des criminels, X, on ne sait pas.

Tous nos clients, que j'ai rencontrés la semaine dernière, n'ont pas renouvelé leur commande = La semaine dernière, j'ai rencontré tous nos clients, et aucun de nos clients n'a renouvelé sa commande.

Tous nos clients que j'ai rencontrés la semaine dernière n'ont pas renouvelé leur commande = Seulement ceux de nos clients que j'ai rencontrés la semaine dernière n'ont pas renouvelé leur commande.

Vu que c'est un imbécile, comme vous je crois qu'il faudra sévir !
= «Vous» pense aussi qu'il faudra sévir.

Vu que c'est un imbécile comme vous, je crois qu'il faudra sévir !
= «Vous» est aussi un imbécile.

Mon adjoint est entré, sur la tête un bonnet de laine, aux pieds, des chaussures de ski, à la main, un vrai sac tyrolien = Il avait un bonnet sur la tête, des chaussures aux pieds et un sac à la main.

Mon adjoint est entré sur la tête, un bonnet de laine aux pieds, des chaussures de ski à la main : un vrai sac tyrolien ! = Il est entré sur la tête, il avait un bonnet de laine aux pieds, des chaussures à la main et on le compare à un sac tyrolien.

À RETENIR

- Des virgules pour séparer des mots ou des propositions.

- Jamais de virgule entre le verbe et son sujet. Ce point est très important !

- Un point à la fin des phrases, des paragraphes et du texte.

- Toujours trois points de suspension, pas plus.

- En dehors du point, aucun signe ne se double ou ne se triple.

NE PAS SE LAISSER RIDICULISER PAR DES FAUTES GROSSIÈRES

La routine, l'inattention, l'excès de confiance dans les propos d'autrui nous font adopter des mots et des expressions sans les avoir vérifiés. Il aurait souvent fallu le faire et il faudrait se mettre à le faire.

Pallier **Postuler** **Suppléer**	Ces verbes sont transitifs directs ; ils s'emploient <u>sans préposition</u> : *Son agitation pallie son manque de compétence.* *J'ai postulé l'emploi qu'ils offraient. L'emploi auquel j'ai postulé.* *Pendant les congés, Mme Sacutti suppléera le directeur.*
Enjoindre **Échouer**	Ces verbes sont transitifs indirects ; ils s'emploient <u>avec une préposition</u> : *Le directeur a enjoint au personnel d'entretien de respecter les horaires.* *Il lui a enjoint de respecter les horaires.* *L'administration leur a enjoint de se présenter devant le juge.* *J'ai échoué à ma mission. J'ai échoué à mon examen.*
Argumenter **Débuter** **Exploser**	Ces verbes sont intransitifs ; ils n'ont <u>jamais de complément d'objet</u> : *Argumentez ~~votre proposition~~ !* *Nous avons débuté ~~les travaux~~. / Les travaux ont débuté en mars.* *La sécurité a explosé ~~un colis suspect~~. / Le colis a explosé.*
Savoir gré	L'expression correcte n'est pas « être gré », mais « <u>savoir gré</u> » : *Je vous saurais gré de donner une suite favorable à ma demande.*
Demander	<u>Demander + nom</u> : *Il me demande un renseignement. / J'ai demandé pardon.* <u>Demander à + infinitif</u> (le sujet fait l'action de l'infinitif) : *Il a demandé à changer de poste. / J'ai demandé à boire.* <u>Demander de + infinitif</u> (le sujet ne fait pas l'action de l'infinitif) : *Je lui ai demandé d'apporter les dossiers. / Je vous demande de partir.* <u>Demander que + subjonctif</u> *Je vais demander qu'on apporte à boire. / Il demande qu'on le déplace.* *~~Demander à ce que~~ : ne s'emploie pas !*

De manière De façon	<u>De manière / De façon à + infinitif</u> : *Rangez l'atelier de manière / de façon à partir plus tôt.* <u>De manière / De façon que + subjonctif</u> : *Rangez l'atelier de manière / de façon que vous puissiez partir plus tôt.* ~~De manière à ce que / De façon à ce que~~ : ne s'emploient pas !
Participe présent / infinitif	Le sujet d'un participe présent ou d'un infinitif est le sujet de l'autre verbe de la phrase *Espérant recevoir une réponse favorable, ~~veuillez~~ agréer... je vous prie d'agréer...* *Revenant de guerre, vous me trouverez changé (c'est « vous » qui revient de guerre).* *Revenant de guerre, je vous paraîtrai changé (c'est « je » qui revient de guerre).* *Pour préparer la choucroute, ~~le coupe-chou doit être affûté~~.* *Pour préparer la choucroute, l'Alsacien utilise un coupe-chou affûté.*
Écouter / parler à Entrer dans / sortir de	On ne peut pas coordonner deux verbes sans tenir compte de leur construction respective : *Ils ~~écoutent~~ et parlent au personnel / Ils écoutent le personnel et lui parlent.* *Il est interdit ~~d'entrer~~ et de sortir du parking après 18 heures. / Il est interdit d'entrer dans le parking ou d'en sortir après 18 heures.* *Une voiture ~~appartenant~~ et conduite par M. Aumieu. / Une voiture appartenant à M. Aumieu et conduite par lui-même.*
On	« On » est un pronom personnel de la troisième personne du singulier ; il s'accorde au <u>singulier</u> : Il ne peut pas remplacer « nous » ou être repris par « nous ». *On est satisfait_.* *On reprend ~~nos notre~~ son poste.*
Cela / Voilà Ceci / Voici	« Cela » et « voilà » reprennent un sujet lointain ou <u>passé</u>. « Ceci » et « voici » reprennent un sujet proche ou <u>futur</u>. *Cela dit, je vais vous dire ceci.* *Voila ce qui a été fait, voici ce qu'on va faire.*
Si / aussi Tant / autant	« Aussi » et « autant » sont des comparatifs ; ils ne peuvent être employés qu'avec un <u>élément de comparaison</u> : *C'est aussi utile qu'une fourchette. / Je ne savais pas que c'était si utile.* *Je n'y tenais pas autant qu'à la précédente. / Je n'y tenais pas tant.*

Ci-joint Ci-inclus Ci-annexé Excepté Y compris	<u>Invariable</u> placé avant son complément / <u>variable</u> placé après : *Vous trouverez ci-joint la facture de vos achats.* *Vous trouverez la facture de vos achats ci-jointe.* *Excepté ceux d'astreinte, personne ne sera joignable.* *Ceux d'astreinte exceptés, personne ne sera joignable.* *Y compris les touillettes, le plastique sera interdit.* *Le plastique sera interdit, les touillettes y comprises.*
De suite	À la suite les uns des autres, d'affilée, <u>successivement</u> : *J'ai traité ces deux affaires de suite.* *J'ai vu trois clients de suite.*
Tout de suite	<u>Immédiatement</u> : *Venez tout de suite !* *Je vais vous préparer ça tout de suite.*
Suite à	Style <u>télégraphique</u> inadmissible dans un texte rédigé : *À la suite de votre action, des mesures ont été prises.* *La commission s'est réunie à la suite de votre demande et...*
Prêt à Prête à	Disposé à / <u>variable</u> : *Il n'est pas prêt à recommencer.* *Elles ne sont pas prêtes à recommencer.*
Près de	Pas loin de / <u>invariable</u> : « prête de » est impossible ! *Il est près d'avoir sa promotion* *Elles sont près de leur retraite.*
Avoir affaire	*Vous aurez affaire à M. Boulier, notre comptable.* (serez en affaire avec) *Je ne veux pas avoir affaire à vous.*
Avoir à faire	*J'ai l'inventaire à faire.* *J'ai à faire énormément de travail.*
Convenir	Employé avec l'auxiliaire <u>avoir</u> = agréer, plaire, satisfaire : *Vos derniers résultats m'ont convenu.* Employé avec l'auxiliaire <u>être</u> = s'entendre, tomber d'accord : *Comme nous sommes convenus, nous nous verrons jeudi.*
S'ensuivre	On ne coupe pas ce mot. *Je n'ai pas obtenu cette promotion. Il s'ensuit que je ne déménage pas.* *Une baisse du CA s'est ensuivie de son erreur.* *J'ai assisté à la présentation et au débat qui s'en est ensuivi.*
Après que	« Après que » est toujours suivi de l'<u>indicatif</u> : *Longtemps après que les poètes ont disparu...*

Vingt **Cent**	Lorsqu'ils représentent une quantité, «vingt» et «cent» prennent la marque du <u>pluriel</u> quand ils sont multipliés et que rien ne leur est additionné. *5 × cents (500) / 5 × cent + 4 × vingts (580) / 1 × cent + 1 × vingt (120)* Lorsqu'ils représentent un numéro d'ordre, «vingt» et «cent» sont <u>invariables</u>. *Bureau quatre-vingt / page deux cent.*
Le personnel **L'équipe** **Le groupe**	Les collectifs singuliers s'accordent au <u>singulier</u> bien qu'ils représentent plusieurs personnes : *Le personnel élira ses représentants la semaine prochaine.* *L'équipe X est chargée de ces travaux.* *Le groupe de travail se réunira mardi.* Lorsqu'on veut parler d'un individu appartenant à l'un de ces groupes, on dit «un membre» du personnel ; de l'équipe ; du groupe.
− − = +	Deux négations valent une affirmation (la négation peut être portée par un mot à valeur négative) : *Vous n'êtes pas (-) sans (-) ignorer = vous ignorez* De toute façon, préférer les tournures positives : *« Vous savez bien...*
En matière de / **En termes de**	«En termes de...» signifie «Avec les mots de...», «Dans le vocabulaire de...» et ne peut s'employer que dans ce sens : *En termes de comptabilité le passif désigne les ressources dont dispose l'entreprise.* «En matière de» signifie «Dans le domaine de» et doit s'employer lorsqu'on veut exprimer cette idée. *Nous avons fait des progrès en matière de sécurité.*

Se replonger dans le Bled, le Bescherelle ou le Grevisse
ne peut faire que du bien.

À RETENIR

- Bien rédiger commence par la maîtrise d'un vaste vocabulaire. La référence la plus fiable est le dictionnaire de l'Académie[1] (en perpétuelle actualisation).

- La structure des mots bien construits est une aide pour prédire leur sens.

- Construire des phrases concises ; c'est le résultat :
  - d'un choix judicieux du verbe ;
  - d'un usage modéré des adjectifs et adverbes ;
  - de l'éviction des tournures ampoulées dites « administratives » ;
  - de l'emploi des modes et des temps verbaux adapté au message.

- Toujours vérifier ses certitudes dans une grammaire de qualité.

- Maîtriser un style impersonnel élégant.

- Savoir que la ponctuation suffit à changer le sens d'une phrase.

1. http://www.cnrtl.fr/definition/academie9/

PARTIE V

PRÉSENTER LE TEXTE POUR EN FACILITER LA LECTURE

DISPOSER LES ÉLÉMENTS D'UNE LETTRE À UNE PLACE ÉVIDENTE

Le temps des textes interminables qu'on n'a pas envie de lire est révolu. Les intentions actuelles tendent à faciliter la prise de connaissance rapide des éléments les plus importants d'un document. Il s'agit donc d'adopter une présentation qui mette en évidence le qui, le quoi, le comment, le quand, le où. Les « pourquoi » restent à consulter dans le texte si besoin est. C'est précisément pour cela que la rédaction d'introductions et de conclusions claires et précises vous a été conseillée.

Faute de charte, adopter la norme Afnor

Les normes Afnor n'ont rien d'obligatoire. Elles sont établies en groupe de travail à seule fin de proposer des modèles destinés à faciliter la vie de ceux qui hésitent sur la conduite à tenir. Pour ce qui concerne la lettre professionnelle, la norme NF Z 11-001 donne la liste des informations générales qui doivent figurer sur le document et propose une disposition de ces éléments sur la feuille.

Si cette disposition vous semble inélégante, libre à vous d'en créer une autre. Néanmoins, ce qui compte, c'est que les yeux du lecteur puissent se pointer par réflexe sur l'endroit qui contient l'information qu'il recherche : date, fonction de l'émetteur, référence du dossier concerné, etc.

Le respect de la présentation ne prime pas sur le contenu du texte.

Utiliser ou perfectionner votre charte graphique

La plupart des entreprises et des établissements publics ont précisément créé leur charte graphique[1] dans le but de faciliter l'information tout en étant immédiatement identifiables :

- Un logo, sa police, sa couleur évoquent immédiatement une identité.

- Les polices sans empâtement (Nobile, Cantarell, Inconsolata…) sont plus lisibles.

- 10 pt est un minimum ; interligne simple ; saut de paragraphe 8 pt.

- L'utilisation du format standard A4 facilite le classement.

- Le texte est plus lisible s'il est écrit en noir sur du papier blanc ou écru.

- L'utilisation du papier recyclé représente un beau geste pour préserver la planète.

- La dimension des marges n'a aucun impact sur la lecture.

- C'est dans l'en-tête que le destinataire cherche les renseignements sur l'émetteur.

- Le destinataire cherche systématiquement la date à droite au-dessus du texte.

- De même, il cherche l'objet et les références au-dessus du texte, à gauche.

- Les alinéas de début de paragraphe ralentissent le parcours des yeux.

- Les débuts de paragraphes à la marge sont donc préférables.

- En revanche, la justification à droite n'a aucun impact sur la lecture.

1. Des conseils de typographie : http://paris.blog.lemonde.fr/2009/02/06/typography-legibility-lisibilite-et-typographie/

La charte graphique doit aussi concerner les documents électroniques

Présentation des lettres selon la norme Afnor

NOM (entreprise, établissement
ou personne)
Adresse complète de l'expéditeur
Tél. : 00 00 00 00 00
Fax : 00 00 00 00 00
Mobile : 00 00 00 00 00
Mél. :

EN-TÊTE

Titre prénom NOM
Fonction
Entreprise / Établissement / Service
Adresse complète du destinataire
(le tout sur 6 lignes max)

Vs Réf. : *(n° annonce, lettre, dossier ou rien)*
Ns Ref : AB/CD/EF/842
Objet : Sollicitation d'emploi
PJ : 1 CV (éventuellement)
Copie à X (éventuellement)
LRAR (éventuellement)

SUSCRIPTION

MENTIONS EN MARGE

Paris,
le 17 mars 2019

LIEU & DATE

(5 interlignes ≈ 2,5 cm)

FORMULE D'APPEL

CORPS DE LA LETTRE

Présentation conforme
à la norme AFNOR NF Z 11-001

FORMULE DE COURTOISIE

Signature
Yves Aumieu
Fonction

SOUSCRIPTION

Aérer le texte

Afnor a normalisé la dimension des marges dactylographiées à au moins 2 cm tout autour de la page. Rien n'empêche d'en augmenter la largeur.

Si l'on s'en tient à la règle « un message par lettre », il est rare que le texte nécessite une seconde page. Néanmoins, quand une longue explication s'est révélée nécessaire, il ne faut pas pour autant tasser le texte. Mieux vaut, au contraire, espacer les paragraphes ou augmenter les marges de manière à faire figurer au moins un paragraphe au verso, en plus de la formule de politesse et de la signature. Le signe « …/… » doit alors figurer dans la marge inférieure à droite au recto, et en haut à gauche au verso.

Le texte ne doit pas, non plus, commencer plus haut que le tiers de la page.

Cela dit, il n'est pas plus convenable, ni plus authentique, de créer un alinéa que d'aligner les débuts de paragraphe à la marge de gauche. Cependant la lisibilité est meilleure dans la présentation à l'américaine car elle réduit les blancs et facilite le parcours de l'œil.

Cela n'oblige pas à apposer sa signature à gauche.

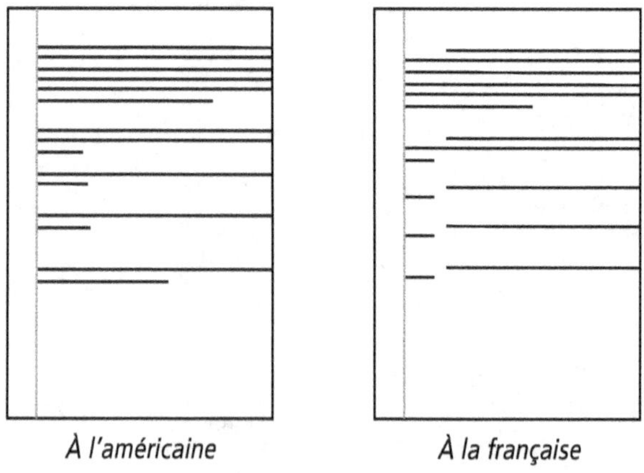

Figure 35.1

Les paragraphes doivent être suffisamment détachés. Il n'y a pas de norme, cela dépend des polices. L'important est que les hampes de la ligne inférieure ne rencontrent pas les jambages de la ligne supérieure.

Dans le même ordre d'idées, il est préférable de présenter les énumérations à la verticale, distinguées par des tirets, des puces ou des numéros (*voir la fiche 41*).

L'information de détail principale (le plus souvent le lieu, la date et l'heure d'un rendez-vous) doit être mise en valeur par du gras et un éventuel centrage. Des mots entiers en capitales sont beaucoup moins lisibles.

En dehors des lettres, la présentation en deux ou trois colonnes (selon la grosseur de la police) soit environ 35 signes par colonne.

À RETENIR

- Un texte doit être présenté de façon à en faciliter la lecture.

- Le lecteur doit pouvoir trouver l'information qu'il recherche à sa place traditionnelle (*voir les fiches 6 à 9*).

RÉDIGER DES EN-TÊTES COHÉRENTS

On parle d'en-tête* dans le privé, de timbre* dans l'administration.

L'en-tête* contient toutes les informations nécessaires à l'identification de l'émetteur[1] : NAF (nomenclature* d'activité française) ; Siret… celles utiles pour le joindre (adresse[2], téléphone, télécopie, télex, courriel*…) et celles, éventuellement, indispensables pour le payer (n° de compte postal ou bancaire).

BIDOUILLARD Frères
S.A.R.L. au capital de 50 000 F SIRET N° 340 460 562 000 15
CCP n° 10693220000
126, rue Léonard-de-Vinci
83130 La Garde
Tél. 04 94 17 18 19 — fax : 04 94 20 21 22
Mobile 06 07 08 09 – Mél. xxx@xxx

Figure 36.1

Le timbre* administratif décline la hiérarchie de l'émetteur de la lettre et donne son adresse.

Ministère de l'Agriculture
Direction du personnel
Service du recrutement
Bureau des concours
Adresse
Téléphone

Figure 36.2

1. L'émetteur ne se désigne jamais par «M. Untel», «Mme. Unetelle», mais par son prénom suivi de son nom. S'il porte un prénom mixte, il peut faire figurer son second prénom.
2. L'adresse portée en en-tête se rédige selon les règles de typographie classique française et non selon les indications de La Poste.

Si l'émetteur est haut placé dans la hiérarchie, le timbre* sera réduit.

<table>
<tr><td>Ministère
de l'Éducation
nationale
Cabinet du ministre</td><td>Le Premier
ministre</td></tr>
</table>

Figure 36.3

À RETENIR

- L'en-tête donne toutes les informations pour être joint ou payé.

- Un en-tête complet est gage de bonne distribution des réponses.

DISCERNER L'UTILITÉ DES « MENTIONS EN MARGE »

Elles ont gardé le nom qui leur a été donné lorsque les marges mesuraient le quart de la largeur de la feuille et que ces mentions figuraient effectivement en marge, sur plusieurs lignes, pour être facilement identifiées et consultées.

Du numéro d'enregistrement

Il se trouve sous le timbre* dans l'administration, et à la rubrique « nos références » dans le secteur privé. Il indique en général : la personne qui est à l'origine de la lettre / la personne qui a rédigé la lettre / la personne qui a saisi la lettre / le numéro d'ordre chronologique de la lettre (ex : AB/CD/EF/0001). En place des initiales des personnes on trouve quelquefois, sous forme de sigle*, la hiérarchie du service émetteur (ex. : DG/SMI/SEA/0001).

La chronologie est remise à zéro chaque 1er janvier dans les administrations et les grandes structures. Mais les petites ou moyennes entreprises préfèrent la faire partir de la date de leur création en prenant soin de faire apparaître continuellement l'année en cours (ex : AB/CD/EF/19.0001). D'autres encore n'utilisent que les éléments de la date. Ainsi une lettre référencée « 20190113 » est une lettre du 13 janvier 2019.

De la mention « affaire suivie par »

Elle est obligatoire dans l'administration depuis 1985 conformément aux prescriptions contenues dans la circulaire n° 1995. Elle permet à l'administré* de joindre directement la personne chargée de son dossier car elle lui fournit son nom et son numéro de téléphone direct.

Affaire suivie par : Yvan Dépêche
Tél. : 00 00 00 00 00
Mél. : xxx@xxx

De la mention des lieu et date

Toujours précédée du lieu d'expédition, la date comprend le quantième du mois en chiffres, le nom du mois en toutes lettres et le numéro de l'année en quatre chiffres. La normalisation Afnor la dispose au-dessous de la suscription* alors que le secteur public la place tout en haut et à droite de la feuille. La date est un élément capital car, sans cela, une lettre ne remplit plus sa fonction de preuve. Rien ne prouve, par exemple, qu'une déclaration de sinistre à une compagnie d'assurances a été effectuée dans les quinze jours suivant le sinistre si la lettre ne porte pas de date.

De la mention « objet »

Elle n'est pas spécifique à la lettre ; les notes, les courriels comportent une rubrique « objet ». Elle est destinée à retrouver rapidement une lettre définie dans un dossier contenant un échange de correspondances. En conséquence, elle est le résumé bref et précis de la lettre et non pas la reprise infinie du même objet :

▶ demande de devis ;

▶ votre demande de devis n° XX ;

▶ remarques sur votre devis n° YY ;

▶ explicitation de notre devis n° YY ;

▶ commande de stores, etc.

De la mention « références »

Elle fait apparaître le numéro d'enregistrement de la lettre à laquelle on répond ainsi que les références des documents auxquels il est fait allusion. De la sorte, on n'est pas obligé de joindre de longs documents. C'est à cette rubrique que peuvent figurer les numéros de clients ou de contrats attribués par les fournisseurs.

De la mention « pièces jointes » (PJ)

Elle peut figurer à la suite des références ou en pied de page, se contente parfois de donner le nombre de pièces (ex : 2 PJ) ou énumère les intitulés des pièces :

- photocopie de votre lettre du xx/xx/xx ;
- réglementation de yy ;
- chèque de mille huit cent quarante-cinq euros.

Citer ainsi les pièces jointes permet au service courrier de vérifier si elles font bien partie de l'envoi et au destinataire de ne pas en égarer une (chèque par exemple) qui serait d'un format inférieur aux autres documents. Il peut être également utile de savoir de quoi était accompagnée une lettre sortie des archives pour des raisons de contentieux.

À RETENIR

- Les mentions « en marge » sont les éléments qui permettent de classer et de retrouver facilement les documents.
- Elles sont un repère pour en discerner rapidement la teneur.

COMPOSER DES SUSCRIPTIONS ET DES SOUSCRIPTIONS FONCTIONNELLES

Le lecteur doit savoir au premier coup d'œil si la lettre lui est destinée et quelle est la fonction de celui qui lui écrit. Ces informations sont contenues dans la suscription* et la souscription*.

La suscription

Elle s'inscrit, comme son nom l'indique, au-dessus du corps du texte. Dans le secteur privé, il s'agit uniquement de l'adresse du destinataire. Selon la normalisation Afnor, celle-ci s'écrit sur six lignes au maximum, à partir de 4 cm du haut et entre 11 et 13 cm du bord droit de façon que l'adresse apparaisse dans la fenêtre d'une enveloppe DLF (feuille A4 pliée en trois dans le sens de sa hauteur).

En outre, La Poste, afin d'utiliser au mieux ses équipements de lecture optique, nous demande :

▶ de justifier l'adresse à gauche sur six lignes maximum de 38 signes maximum ;

▶ d'écrire en capitales sans signes diacritiques, sans ponctuation[1], sans soulignement, les lignes concernant la rue, l'immeuble et la ville ;

▶ de noter le code postal sans espace pour les milliers.

1. Les accents, trémas ou cédilles ne sont pas des signes de ponctuation, mais des signes diacritiques.

Cela n'annule en rien les règles typographiques de composition d'une adresse pour tout ce qui n'apparaît pas sur une enveloppe :

ADRESSE DU DESTINATAIRE, APPARAISSANT SUR L'ENVELOPPE :	MÊME ADRESSE À TOUT AUTRE ENDROIT SUR N'IMPORTE QUEL DOCUMENT :
Madame Prudence JURISSE 42 AVENUE HENRI DESIRE LANDRU 84800 L ISLE SUR LA SORGUE	Madame Prudence JURISSE 42, avenue Henri-Désiré-Landru 84800 L'Isle-sur-la-Sorgue

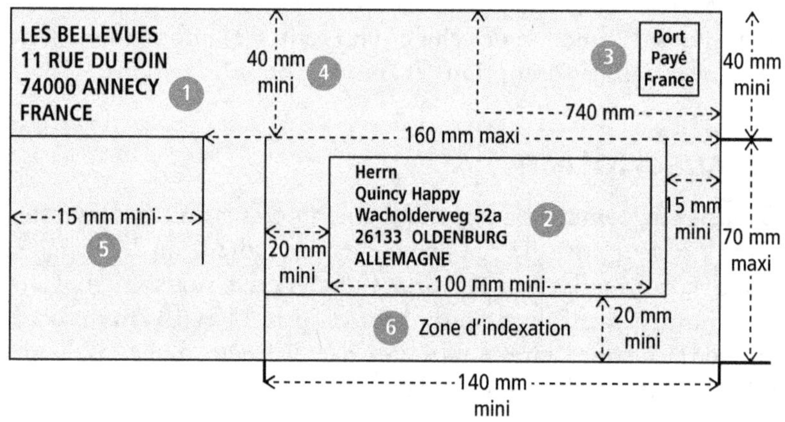

Figure 38.1. Présentation d'une enveloppe pour que le courrier soit correctement livré. La zone n° 4 est destinée à une éventuelle publicité de l'expéditeur

Par ailleurs, la formulation de l'adresse peut, dans les grandes organisations, orienter la lettre vers la personne ou vers la fonction :

Suscription pour une lettre personnelle qui ne sera **ouverte que par l'intéressé.**	**Monsieur Yves** AUMIEU Société française des textiles 59210 Coudekerque Branche
Suscription ambiguë qui, selon les usages de l'entreprise sera considérée comme **personnelle ou traitée par le service courrier.**	**Monsieur Yves** AUMIEU **Directeur des ressources humaines** Société française des textiles 59210 Coudekerque Branche

Les deux dernières suscriptions permettront à la lettre d'être traitée par le service courrier et exploitée même si le destinataire privilégié est absent.

Monsieur le Directeur
de la Société française des textiles
à l'attention[1] de **Monsieur Yves Aumieu**
Directeur des ressources humaines
59210 Coudekerque Branche

Société française des textiles
à l'attention du directeur
des ressources humaines
59210 Coudekerque Branche

Dans le secteur public, une lettre administrative en forme administrative (ne quittant pas le secteur public), la suscription, qui se trouve en haut et à gauche de la feuille, est plus complexe. En effet, toute lettre administrative est acheminée par voie hiérarchique « sous couvert* » de l'autorité dont le rédacteur dépend immédiatement. Par exemple, un sous-préfet n'écrira au ministre que sous le couvert du préfet dont il dépend[2]. La mention des grade et fonction du signataire (attache*) précède l'adresse administrative du destinataire dont les nom et grade sont précisés. À la suite de cette adresse, la formule « sous couvert de », précédant la mention des grade et fonction de l'autorité hiérarchique directe du destinataire est obligatoire.

L'Inspecteur d'académie
Directeur des services départementaux
de l'Éducation nationale du Pas-de-Calais
à
Madame Marguerite Déprès
Institutrice
École maternelle « Les Oiseaux »
62330 Molighem

S/c de Monsieur l'Inspecteur départemental de l'Éducation nationale
de la circonscription Maternelle III

1. C'est bien « à l'attention » de l'agent traitant que le lettre est soumise.
2. Les préfets correspondent toutefois directement avec le ministre compétent pour l'affaire dont ils traitent.

Une lettre administrative émane toujours de la plus haute autorité de l'établissement même si elle est rédigée et signée par délégation. De même, une lettre s'adresse toujours à cette même autorité, même si elle ne l'atteint pas et que la personne qui est chargée du dossier est connue. Cette dernière est mentionnée par la formule « à l'attention de… » et le service ou bureau dont il dépend est précisé.

> *Monsieur le Ministre de l'Intérieur*
> *Direction des Affaires politiques et de l'Administration du territoire*
> *À l'attention de monsieur Despêches*
> *Chef du Bureau XXX*
> *– adresse –*

La souscription

Comme son nom l'indique aussi, elle se trouve au-dessous du corps de la lettre. Dans le secteur privé, il s'agit simplement des prénom et nom du signataire sur la première ligne et de sa fonction sur la deuxième ligne[1]. Les établissements industriels publics tendent à adopter cette présentation en remplacement de l'austère « grade + nom de famille ».

Gérard MANVUSSA   L'IEF
Adjoint au directeur pour la communication   *Gérard MANVUSSA*

Pour ce qui est des administrations, l'attache* se retrouve en souscription, à condition que ce ne soit pas la même que celle de la suscription. Ainsi, si l'adresse du destinataire était précédée de « Le Directeur à » (dans une administration, toute lettre est censée être émise par la plus haute autorité en fonction dans l'établissement et toute correspondance doit lui être adressée) et que le directeur, lui-même, signe la lettre, l'attache* ne sera pas répétée. Toutefois, si un chef de service signe par délégation[2], les grade et fonction de ce

---

1. *Voir la fiche 41.*
2. Les différents degrés de responsabilité dans les signatures sont exposés en première partie (*voir la fiche 1*).

délégataire et la nature de sa délégation apparaîtront au-dessus de sa signature. Celle-ci, jadis mention manuscrite et intégrale du prénom et du nom du signataire, est bien trop souvent aujourd'hui remplacée par un graffiti incompréhensible. C'est pourquoi il faut immanquablement la faire suivre de sa traduction dactylographiée.

CHOISIR PERTINEMMENT SES FORMULES D'APPEL ET DE TRAITEMENT

La formule d'appel est la formule qui précède le corps de texte. La formule de traitement est la personne verbale (deuxième ou troisième personne du singulier ; deuxième personne du pluriel) par laquelle on s'adresse au destinataire.

La formule d'appel

Elle coiffe le corps de la lettre. Elle se réduit en général à : « Monsieur » ou à « Madame[1] » suivis du titre quand il y a lieu (« Monsieur le Directeur ») puis d'une virgule. Mais jamais suivis du nom de famille.

La politesse française n'admet aucune abréviation en suscription et les évite dans le corps des textes. Lorsqu'un texte traite d'une tierce personne, et si celle-ci est susceptible de lire le document (collègue, parent ou ami du destinataire), le titre de cette tierce personne est écrit en entier (sans majuscule, *voir la fiche 41*). Si ce n'est pas le cas, il est éventuellement possible de l'abréger. Il convient alors de ne pas improviser et de se conformer aux abréviations conventionnelles (*voir la fiche 24*).

Le français est une langue qui exprime la neutralité par ce qu'on appelle le genre « non marqué » qui se comporte comme le genre masculin. De la sorte, les usages prescrivent encore de s'adresser aux « inconnus » d'une entreprise ou d'une administration par la formule d'appel « Messieurs ». Cependant, La formule « Madame, Monsieur, » tend à

---

1. Il n'y a aucune raison pour que la situation conjugale d'une femme apparaisse sur le moindre document quand ce n'est pas le cas pour un homme.

se développer. Quoi qu'il en soit, toujours pour ménager d'éventuelles susceptibilités, on a tout intérêt à s'informer sur le titulaire de la fonction afin d'utiliser le titre adapté. Les femmes qui souhaitent être appelées « Madame le Directeur » sont plus nombreuses que celles qui préfèrent s'entendre appeler « Madame la Directrice ». Le titre au masculin souligne mieux la conquête de fonctions autrefois réservées aux hommes. Nous verrons dans l'avenir ce que retiendra l'usage.

La féminisation des fonctions et des grades administratifs (*voir la fiche 21*) relève d'une circulaire qui ne contraint que l'administration.

Enfin, les conseils prodigués par les manuels de savoir-vivre sont toujours en vigueur :

▶ « Cher Monsieur » ou « Chère Madame » ne s'adressent qu'à des personnes que l'on connaît bien.

▶ « Cher ami » et « Mon cher ami » ne s'emploient que si l'on est effectivement lié avec la personne par des liens d'amitié.

▶ « Cher collègue », « Mon cher collègue » s'emploient envers des collaborateurs homologues ou subordonnés.

L'historique des rapports épistolaires pourrait donc se retracer grâce au relevé des formules d'appel. Ainsi des confrères de même profession libérale emploieront lors d'un premier contact : « Monsieur », qui pourra devenir « Monsieur et Cher Confrère », puis « Cher Confrère » ou « Mon Cher Confrère », puis encore « Cher Confrère et Ami », qui se transformera vite en « Cher Ami », puis « Mon Cher Ami » avant d'en venir à l'emploi du prénom.

La formule de traitement

C'est la formule par laquelle le destinataire est évoqué au cours de la lettre. De nos jours, en dehors de cas vraiment exceptionnels comme la lettre destinée à un souverain ou à l'ambassadeur d'un pays étranger en France, les deuxièmes personnes du singulier ou du pluriel, selon le degré d'intimité, sont les plus courantes.

À RETENIR

- On tutoie rarement dans une lettre professionnelle, à moins qu'il s'agisse d'une lettre confraternelle, car, en règle générale, on s'adresse à la fonction et non pas à la personne.

- «Cher» ou «Chère» ne s'emploient qu'envers des personnes qui nous sont vraiment chères.

- Sans consigne contraire, utiliser simplement «Monsieur» ou «Madame» est simple et respectueux.

- «Messieurs» est le neutre traditionnel.

- Il n'y a pas plus de «Mademoiselle» que de «Mondamoiseau» dans la vie professionnelle.

COMPOSER UNE FORMULE DE COURTOISIE APPROPRIÉE

Au sein de l'administration, la formule de courtoisie, de même que la formule d'appel, sont inutiles. Mais, lorsqu'une administration s'adresse à un particulier ou à une entreprise privée, une formule d'appel figure en début et une formule de courtoisie en fin de lettre.

Toutefois, les lettres officielles comportent toujours une formule d'appel et une formule de courtoisie, de même les lettres privées adressées par un agent* de l'État à un haut fonctionnaire ou les lettres privées entre militaires ou fonctionnaires. Dans ce dernier cas, il est d'usage d'écrire les formules à la main.

Je vous prie de	bien vouloir	agréer,				haute	considération
Je vous demande de		accepter,		l'expression de mon/ma/mes	très	humble	respect
		croire à,				respecteux(se)	dévouement
Daignez		recevoir,	Formule d'appel,		le/ la plus	dévoué(e)	hommages[1]
Veuillez						profond(e)	estime
						entier(e)	pensées
		Agréez,		l'assurance de mon/ma/mes		meilleurs	sentiments[2]
		Acceptez,				distingué(e)s	salutations
		Croyez,				sincère	sympathie
		Recevez,				cordiaux(ales)	

1. Une femme n'envoie pas d'hommages.
2. On n'envoie pas de sentiments à une femme.

Quoi qu'il en soit, le secteur privé utilise en toute occasion la formule traditionnelle de courtoisie, que chacun trouve désuète, mais dont l'éventuelle absence fait toujours mauvaise impression.

Mode d'emploi du tableau : plus on empile de mots en suivant une ligne supérieure, plus la formule est déférente.

Je vous prie de bien vouloir agréer, X, l'expression de ma très haute et très respectueuse considération.

En réduisant les mots et en suivant une ligne inférieure, on obtient une formule simplement cordiale.

Recevez, X, l'assurance de ma sympathie.

En conséquence, un simple « cordialement » est foncièrement désinvolte.

À RETENIR

- Les formules de politesse semblent désuètes et inutiles ; elles deviennent importantes lorsque leur absence nous fait passer pour un malappris.

- Rien n'interdit de composer sa propre formule de courtoisie (tant qu'elle reste courtoise).

- La formule de courtoisie ne devient jamais (en aucun cas) une formule d'insulte.

NE PAS ABUSER DES MAJUSCULES

La règle des majuscules, en typographie française, relève de l'usage. L'usage se construisant au fil du temps, force est de reconnaître que la règle en est devenue complexe. Néanmoins, elle est fermement installée dans tous les secteurs qui utilisent la typographie.

La raison de l'existence des majuscules est le repère qu'elles représentent au cours d'une lecture.

En début d'une nouvelle phrase

On trouve une majuscule en début d'une nouvelle phrase. À ce titre les « : », « ! », « ? » ne sont pas toujours suivis d'une majuscule.

En début de ligne

On trouve une majuscule en début de ligne, même si ce n'est pas un début de phrase, dans une adresse par exemple.

À chaque point d'une énumération numérotée se terminant par un point

Les énumérations marquées par un tiret ou une puce et se terminant par un point commencent par une majuscule.

Les énumérations marquées par un tiret ou une puce et se terminant par une virgule ou un point-virgule commencent par une minuscule.

◼ Au premier mot du nom d'une entité

Par exemple, Président directeur général (PDG), Centrale générale des services publics (CGSP), Communauté économique européenne (CEE), Société nationale des chemins de fer (SNCF). Si le premier mot est un article défini, la majuscule est reportée au deuxième mot ; par exemple, le Journal officiel (le JO).

◼ Pour un nom propre de personne ou de lieu

Au sein d'un texte, la qualité de la personne ou du lieu prend une minuscule : monsieur Yvan Despêches ; madame Sophie Fonfeq ; rue du Lavoir ; le palais de la Découverte ; la mer Noire. Voici ce qu'il faut savoir.

- Chaque terme d'un nom propre prend une majuscule : Louis Leprince-Ringuet.

- Quand un prénom + nom de personne devient le nom propre d'une famille ou d'un lieu, le prénom et le nom sont reliés par un trait d'union : Henri Alain-Fournier ; Claude Pierre-Brossolette ; avenue Émile-Zola ; le stade Félix-Mayol.

- Un article prend une majuscule lorsqu'il fait partie intégrante d'un nom propre de famille (Le Brun ; De Gaulle) ou de lieu (Le Pontet ; Le Havre) ; en revanche, la particule nobiliaire[1] (de, du, d') s'écrit en minuscule (d'Isoard de Chènerilles ; du Mortier de La Fayette).

- L'article masculin d'un nom de lieu se contracte avec la préposition « de » pour donner « du » ou la préposition « à » pour donner « au » : Le Pontet ; j'habite au Havre ; il est du Mans.

---

1. Historiquement, la noblesse française était liée à la terre ; le nom à particule signifiait que son détenteur était seigneur de l'endroit.

▶ Dans les noms de lieux composés, l'article ou la préposition internes sont en minuscules : Pernes-les-Fontaines ; Villeneuve-lez-Avignon ; La Seyne-sur-Mer ; Mont-devant-Sassey ; Aix-en-Provence.

Depuis l'invention de l'imprimerie, les majuscules portent les signes diacritiques (accents, cédilles, tréma...) indispensables à leur compréhension.

À RETENIR

- L'excès de majuscules n'apporte rien au respect et gêne la lecture.
- Les majuscules d'imprimerie ont de tout temps été accentuées.

REMPLACER UN MAXIMUM D'ÉCRITS PAR DES FORMULAIRES

Dès lors que les éléments utiles sont de même type à chaque fois, il n'est pas forcément indispensable de les enrober dans un texte. C'est le cas par exemple pour une transmission de message, des consignes de mission ou une page de garde de compte rendu.

Pour créer un imprimé, il faut :

▶ relever toutes les informations pouvant concerner une situation en pensant à l'indispensable heptamètre de Quintilien : qui, quoi, comment, combien, où, quand, pourquoi ;

▶ répartir dans un tableau à remplir, à cocher, à biffer…

Créer un formulaire de message

▶ Pour qui : destinataire ;

▶ de qui : émetteur ;

▶ au sujet de qui ou quoi : dossier concerné ;

▶ quoi : teneur du message/action souhaitée ;

▶ pourquoi : si motif nécessaire ;

▶ quand : date et heure ;

▶ pour quand : délai de réponse (une date pour ne pas mettre systématiquement « urgent ») ;

▶ pour où : service du destinataire ;

▶ d'où : service ou entreprise de l'émetteur ;

▶ comment : verbal, téléphoné.

Pour :

Service :

Dossier :

Date :

Heure :

Message
Interne – Externe
Verbal – Téléphoné

De la part de :

Entreprise :

Service :

Rappeler au :
Rappellera
Transmettre à :
☐ N'attend pas de réponse

Transmis par :
Service :

Créer une fiche de transmission interne de documents

FICHE DE TRANSMISSION	DATE :
DESTINATAIRE :	URGENT ☐
DE LA PART DE :	
☐ POUR INFORMATION ☐ POUR CLASSEMENT ☐ EN RETOUR ☐ ME RENDRE	☐ POUR ATTRIBUTION ☐ POUR AVIS ☐ ÉTABLIR UN PROJET DE RÉPONSE ☐ POUR SIGNATURE
SUITE À DONNER POUR LE :	
MESSAGE :	

Créer un formulaire de page de garde d'un compte rendu de réunion de travail

- Pour qui : participants et responsables ;
- de qui : rédacteur signataire ;
- avec qui : liste des invités en signalant les absents et les excusés ;
- au sujet de qui ou quoi : ordre du jour de cette réunion et de la prochaine ;
- quoi : décisions prises ;
- pourquoi : motif du choix des décisions si nécessaire ;
- quand : date et heure de la réunion ;
- pour quand : date et heure de la réunion suivante ;
- où : lieu de la réunion et de la suivante ;
- comment : ambiance de la réunion si besoin ;
- comment : mode de transmission.

<table>
<tr><td>Logo</td><td>Compte rendu de réunion</td><td>p. 1/4
Référence :
RF : AB/01.011

Date de rédaction :
7 janvier 2019</td></tr>
</table>

Réunion du : 5 janvier 2019
Ayant eu lieu à : salle du conseil

Objet de la réunion : établissement du cahier des charges concernant la formation du groupe des correspondants communication

Noms	Signature	Présent	Excusé(e)	Absent	CR Transmis
M. Francis ABALONE		☒	☐	☐	☒
M. Gérard BALEINE		☒	☐	☐	☒
Mme Raymonde CARPE		☒	☐	☐	☒
M. Michel DORADE		☐	☐	☒	☒
Mme Régine EGLEFIN		☒	☐	☐	☒
M. Robert FILET		☒	☐	☐	☒
Mme Georgette GRONDIN		☒	☐	☐	☒
M. Serge HURE		☐	☒	☐	☒
Mme Germaine ICTUS		☒	☐	☐	☒
– X (leur hiérarchie)		☐	☐	☐	☒
– Y	S. O.	☐	☐	☐	☒
– Z	S. O.	☐	☐	☐	☒
	S. O.	☐	☐	☐	☐

Prochaine réunion :

Date : le 6 février 2019

Objet : choix de l'organisme de formation

Lieu : salle du conseil

Décisions majeures : X X X ☐ Plan d'action joint	Signature* du rédacteur :

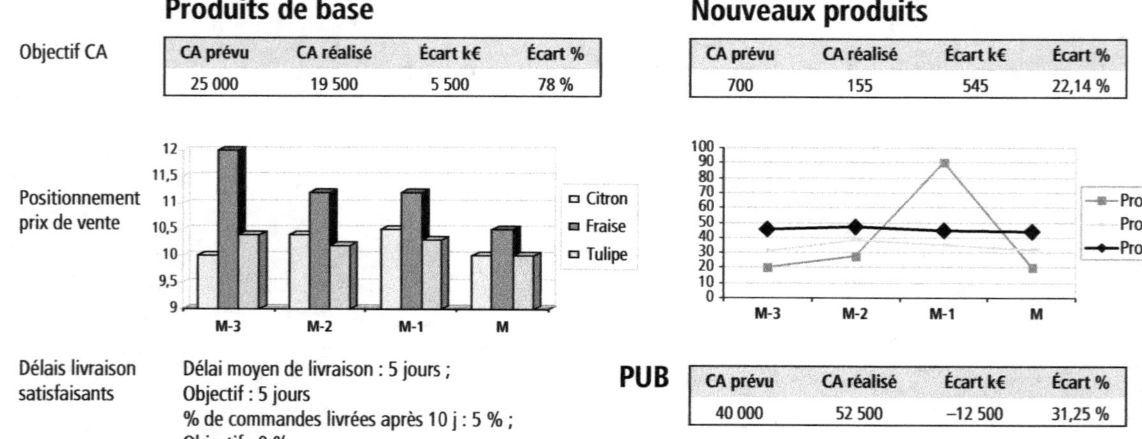

Figure 42.1. Votre rapport récapitulatif peut être une feuille de tableur remplie automatiquement par des liens provenant de vos différents tableaux de bord

TIMBRE

Bordereau d'envoi

SUSCRIPTION

Désignation des pièces	Nombre	Observations

Attache
Signature

Créer une fiche de mission

- Qui est envoyé ;
- pour voir qui ;
- à quel sujet ;
- avec quel objectif ;
- dans quelle entreprise ;
- dans quelle ville ;
- à quel hôtel ;
- à quelle date ;
- comment : par quel moyen / à quelle heure / quel itinéraire / quel contact.

<table>
<tr>
<td colspan="2">
Mandataire :
Service :
Fonction :
Date :
</td>
<td>Mission</td>
<td>
Ci-joint :
Billet avion
Plan ville annoté
☐
</td>
</tr>
<tr>
<td>
<u>Départ</u> de :

moyen
de transport :

heure :
n° :
destination :
</td>
<td>
<u>Correspondance</u>
à :

moyen
de transport :

heure :
n° :
destination :
</td>
<td>
<u>Arrivée</u> à :
heure :
☐ attendu par :
à :
☐ véhicule
de location
retirer à :
☐ repas réservé
à :
heure :
</td>
<td>
<u>Hôtel</u> :
adresse :

tél :
fax :
mél :
chambre n° :
code nuit :
</td>
</tr>
<tr>
<td colspan="4">Observations :

</td>
</tr>
<tr>
<td colspan="4">Rendez-vous</td>
</tr>
</table>

Date	Heure	Entreprise	Contact	Objectif de la visite	Dossier n°

À RETENIR

- Une présentation normalisée permet au lecteur de savoir où se trouvent les informations de détail : date, référence, NAF de l'émetteur…

- Penser à créer autant de formulaires qui permettent d'avoir un document bref, complet et présenté logiquement, plutôt qu'un texte qui noie les informations et qui fait perdre du temps à celui qui le rédige.

- Ne pas hésiter à automatiser vos tableaux de bord Excel pour en faire des rapports sur une seule page contenant toutes les informations nécessaires synthétisées.

APPLICATIONS

EXERCICE 1 –
Application de la fiche 8

En vous servant des méthodes développées dans la deuxième partie, schématisez les textes selon le modèle fourni dans la fiche 8.

▶ TEXTE A : «FORMATION PROFESSIONNELLE :
LA VRAIE RÉFORME RESTE À FAIRE[1] »

(1 363 mots)

Le gouvernement s'est lancé dans une réforme de la formation professionnelle volontaire et ambitieuse. C'est la 7e fois qu'un gouvernement s'attaque à la question de l'efficacité de la formation professionnelle depuis 2004. En dépit des avancées qu'elle propose, la réforme 2018 n'apporte pas les réponses attendues et ce pour au moins trois raisons :

1. La formation professionnelle n'est pas une fin en soi. Le faire croire est une erreur qui coûte cher aux finances publiques, aux entreprises et aux salariés en mal de trouver un emploi. Tous les dispositifs existant, accumulés comme un millefeuille, trop

---

1. Article de Michel Fourmy publié dans *RH Info*, 6 juillet 2018, https://www.rhinfo.com/thematiques/formation-professionnelle/formation-la-vraie-reforme-est-faire

complexes pour servir les plus démunis face aux évolutions des besoins en compétences des entreprises, ne trouvent de justification que dans le maintien d'une gouvernance et d'une organisation qui répondent plus aux besoins des partenaires sociaux qu'à ceux à qui ils sont destinés.

2. Le principal objectif de la formation professionnelle est l'employabilité. La formation est donc un levier à actionner dans l'objectif prioritaire de développer l'employabilité des plus éloignés de l'emploi. Or, le système actuel, dans son ensemble, sert plus et mieux les salariés ayant des profils de compétences adaptés aux besoins des entreprises que ceux dont les profils sont éloignés de l'emploi ou primo accédant en situation de difficulté. Les investissements en matière de formation professionnelle doivent donc être recentrés sur ces populations.

3. La simplification du système de la formation professionnelle avec une transformation de ses acteurs comme les OPCA, est nécessaire. Mais la recentralisation des arbitrages sur les branches et un organe central comme France Compétences éloignent les solutions de la réalité du terrain. Quel est le point vital pour focaliser et faire converger les investissements formation (professionnelle, continue et initiale) ? Là où les gens trouvent du travail : leur région.

Le système engloutit 15 milliards d'euros par an (sans compter les frais) ; pourtant, notre pays compte près de 3,5 millions de demandeurs d'emploi et 350 à 400 000 emplois restent vacants faute de candidats présentant les compétences requises.

Non seulement le système de formation bénéficie beaucoup plus aux salariés qu'aux demandeurs d'emploi, et beaucoup plus aux cadres qu'aux ouvriers, mais en plus il ne permet pas aux 15-24 ans d'accéder à l'emploi : un quart d'entre eux sont au chômage, contre 11 % en Allemagne. Il alloue aux salariés, via le compte personnel de formation (CPF), des millions d'heures de formation dont 80 % ne sont jamais utilisées.

Nous sommes prisonniers d'un cercle vicieux d'inefficacité. Et nous n'en sortirons qu'au prix d'évolutions beaucoup plus ambitieuses que celles de la réforme en cours. La gouvernance de notre système de formation doit être confiée aux régions. Les entreprises doivent être libres de former leurs salariés comme elles l'entendent, et astreintes à une obligation de résultat sur leur employabilité. Enfin, les individus doivent être incités à se prendre en charge ; en matière d'employabilité, ils ont des droits et aussi des devoirs.

C'est le sens des six propositions que nous formulons pour aller plus loin dans la transformation nécessaire.

Proposition 1 : confier la gouvernance du système de formation aux régions

La population active française n'est pas mobile et 80 % des emplois privés sont fournis par des ETI, des PME et des TPE au rayon d'action limité. Or, les régions connaissent parfaitement leur terrain économique local. Elles financent des lycées professionnels, des formations en alternance, des contrats d'apprentissage. Elles vivent en prise directe avec leurs bassins d'emploi. Aucun autre échelon administratif n'a une telle légitimité pour cibler et accompagner les besoins prioritaires en compétences.

Aussi, nous proposons de confier la gouvernance de la formation professionnelle aux régions : coordination des structures publiques et des financements, mise en place de la gestion prévisionnelle des emplois et des compétences (GPEC) à l'échelle des bassins d'emplois, adaptation des mesures nationales aux spécificités locales…

Il suffira d'une instance paritaire par région pour gérer ce dispositif. Quant à la cohérence nationale, elle sera garantie par Régions de France qui représentera les régions auprès du nouvel établissement public quadripartite, France Compétences.

Proposition 2 : laisser les entreprises financer la formation de leurs salariés

Les entreprises sont enlisées dans la lourdeur administrative du système de formation, en particulier les mécanismes d'agrément et de remboursement des formations.

Nous proposons de simplifier ce système. Les entreprises continueront à verser un prélèvement (1 % de la masse salariale par exemple) pour les demandeurs d'emploi, apprentis, alternants et jeunes sans qualification. Mais elles ne verseront plus rien pour la formation des salariés en activité, et financeront directement la formation de leurs collaborateurs, avec une totale liberté de choix.

Les organismes de formation qui travaillent pour les entreprises seront dispensés de toute formalité d'agrément, puisqu'ils sont financés sur fonds privés. L'agrément ne sera maintenu que pour les programmes financés sur fonds publics.

Proposition 3 : donner aux entreprises une obligation de résultat sur l'employabilité

En contrepartie de cette liberté sur leur politique formation, les entreprises auront une obligation de résultats sur l'employabilité de leurs collaborateurs. Si elles veulent se séparer de salariés dont elles jugent les compétences inadaptées, elles devront démontrer au préalable qu'elles ont tout mis en œuvre pour améliorer leur employabilité.

Tout mettre en œuvre consistera par exemple à remplacer le plan annuel de formation, trop axé sur des moyens, par un plan de développement de l'emploi et de l'employabilité élaboré avec les partenaires sociaux, dans un esprit de coresponsabilité.

L'employeur et les syndicats s'attacheront à mieux prévoir les évolutions de l'environnement économique et leur impact sur les compétences des équipes.

Proposition 4 : inciter les actifs à s'approprier leur employabilité

L'emploi à vie dans la même entreprise et les parcours professionnels rectilignes sont des concepts dépassés. 80 % des salariés d'aujourd'hui devront changer une ou deux fois d'entreprise ou de métier pendant leur carrière, voire plus.

Il est temps de dire aux actifs que l'État et l'entreprise ne sont pas les seuls responsables de leur employabilité : ce projet leur appartient, et ils ont des droits et des devoirs dans ce domaine. L'objectif ici est donc de sensibiliser et « d'éduquer », au sens noble du terme.

L'accès aux conseils en évolution professionnelle doit être rendu plus facile y compris financièrement : sur ce point, la réforme de 2018 va dans le bon sens.

Quant aux entreprises, elles doivent proposer un autre regard sur la formation. L'entretien professionnel instauré en 2014 doit servir à sensibiliser le salarié et l'inviter à se former de sa propre initiative, par exemple sur internet, en complément des stages proposés par l'employeur.

Proposition 5 : assouplir et valoriser les cursus en alternance

Les régions doivent être autorisées à créer des cursus en alternance, hors du carcan des formations qualifiantes définies par les branches professionnelles, pour répondre aux spécificités de leurs bassins d'emploi. Ces cursus pourront être élargis à des éléments de savoir-être, essentiels pour des jeunes sans expérience : sens des responsabilités, capacité à travailler en équipe, respect des règles…

Autre proposition, réévaluer la rémunération des alternants afin qu'un jeune de 18 ans touche au moins le Smic. Il pourra ainsi associer accès à l'emploi et début d'accès à l'autonomie sociale.

Proposition 6 : Créer un mécanisme d'abondement défiscalisé du salarié sur son CPF

La monétisation du CPF est une avancée importante. Nous proposons d'aller au bout de cette logique en ajoutant un mécanisme d'abondement défiscalisé au CPF.

Les abondements seront déductibles du revenu imposable jusqu'à 10 % du salaire annuel, soit le même taux que pour les versements sur un contrat de retraite de type plan d'épargne retraite populaire (PERP). Ainsi, il deviendra aussi « rentable » d'investir pour son employabilité que d'épargner pour ses vieux jours.

En conclusion

Un système de formation plus efficace ne résoudra pas par magie nos problèmes d'emploi et de compétitivité. En revanche, il améliorera l'employabilité des actifs : leurs carrières seront plus fluides, les entreprises trouveront les compétences dont elles ont besoin.

L'employabilité est donc l'objectif clé. L'État doit la promouvoir par tous les moyens. Les entreprises doivent s'en emparer et y travailler avec les partenaires sociaux. Quant aux actifs, ils doivent se l'approprier, ne pas tout attendre de l'État ou de leur employeur. Un changement de perspective qui demandera sans doute plusieurs années d'effort : autant commencer tout de suite.

▶ TEXTE B : «LE VOTE AUJOURD'HUI[1]»

(1 841 mots)

Depuis quand vote-t-on ?

Le vote est une pratique ancienne et courante dans la plupart des sociétés y compris non démocratiques (on était appelé à voter régulièrement dans l'ex-Urss) ou d'institutions traditionnelles (l'Église a toujours recouru à des procédures de vote sophistiquées). S'il n'empêche pas le recours à la violence ou les jeux d'influence, ce mode de désignation à une fonction, ou de validation d'une décision collective a été de longue date conçu comme une alternative à l'affrontement physique, la cooptation, l'hérédité ou le tirage au sort.

En revanche, le vote tel que nous le connaissons aujourd'hui – la désignation de représentants à partir d'élections opposant plusieurs candidats – ne s'est imposé que récemment (tout comme la pratique consistant à ratifier un texte par référendum). Longtemps, ce mode de sélection a d'ailleurs été jugé non démocratique et on lui préférait le tirage au sort (comme dans la démocratie athénienne où seuls les stratèges et les généraux étaient élus tandis que les autres fonctions étaient pourvues par tirage au sort, entre des personnes jugées préalablement aptes).

Jusqu'au XIXe siècle, le vote pour l'élection de représentants est réservé à une fraction de la population : les citoyens jugés actifs (ce dont devait témoigner leur capacité à payer un impôt, le cens) ;

1. Article de Sylvain ALLEMAND, *Le vote aujourd'hui*, paru dans *Sciences humaines*, n° 148, avril 2004.

en sont donc exclues les personnes jugées dépendantes parce que subordonnées à autrui ou vivant au sein d'institutions : les aliénés, les moines cloîtrés mais aussi les domestiques et… les femmes. Ainsi, en France, le corps électoral se limite à 90 000 personnes en 1815, à moins de 250 000 en 1846. La proclamation du suffrage universel en 1848 marque un tournant. Il faudra cependant attendre presqu'un siècle pour que le droit de vote soit reconnu aux Françaises (décret du 21 avril 1944) ; un tel droit était acquis dès 1893 en Nouvelle-Zélande, 1902 en Australie, 1906 en Finlande, 1918 en Angleterre, 1919 en Allemagne… Il faut attendre également des décennies pour que soit mis fin à des privilèges comme le vote plural (la possibilité pour certaines personnes de voter plusieurs fois, introduite en France en 1820 mais également pratiquée en Angleterre, en Prusse, etc.) ou que soit adopté le vote secret avec isoloir et enveloppe (1913 en France, dès 1872 en Grande-Bretagne).

Au-delà de la résolution des problèmes techniques posés par l'organisation d'une élection au suffrage universel (définition d'un corps électoral et du mode de scrutin, découpage du territoire en circonscriptions…), la généralisation du vote pour l'élection de candidats a supposé une révolution sur le plan des idées : la reconnaissance du principe* d'égalité entre les individus malgré leurs différences sociales, religieuses ou autres.

Malgré l'extension régulière de l'électorat, l'histoire du vote ne saurait cependant être assimilée à une évolution linéaire. Comment expliquer sinon l'extrême variété des modes de scrutin à travers le monde, même entre les pays dits développés et démocratiques ? Il n'est pas jusqu'à la scénographie du vote qui ne varie encore d'une société à l'autre : l'ensemble urne-isoloir-enveloppe-carte d'électeur, destiné à garantir le secret du vote, ne s'est diffusé que récemment sans faire disparaître d'autres mises en scène (en Grèce, l'urne de chaque candidat est encore divisée en deux compartiments de couleurs différentes, un noir pour le non, un blanc pour le oui, l'électeur glissant une boule de plomb par un entonnoir ; au Portugal, le vote se déroule dans les églises ; etc.).

Comment vote-t-on ?

La sélection de candidats à une fonction peut s'effectuer selon une grande variété de procédures électorales : scrutin majoritaire (le vainqueur est celui qui obtient une majorité absolue, relative ou qualifiée, c'est-à-dire fixée à un certain montant) ou proportionnel (les sièges sont répartis en fonction du nombre de suffrages recueillis), uninominal ou plurinomal (selon qu'il y a un ou plusieurs sièges à pourvoir), à un ou deux tour(s). À quoi s'ajoute encore le vote par listes bloquées, pratiqué notamment pour l'élection présidentielle américaine (le vainqueur, même d'une seule voix, remporte la totalité des mandats attribués à un État).

Quel est le meilleur des systèmes ? Avant même l'avènement de la démocratie représentative, des savants avaient mis en garde contre les effets pervers d'une élection opposant plus de deux candidats. L'élu n'est pas systématiquement celui qui a la préférence de la majorité des électeurs ! Un résultat connu sous le nom de paradoxe de Borda, du nom du chevalier, membre de l'Académie royale des sciences, qui au XVIIIᵉ siècle montra qu'un candidat qui aurait été jugé inférieur à chacun de ses adversaires pouvait néanmoins l'emporter au terme d'une élection à la majorité simple ! En guise de solution, ce même Borda proposa l'attribution par l'électeur de points à chaque candidat suivant le mérite qu'il lui attribue, la répartition des points étant fixée à l'avance. À sa suite, le marquis de Condorcet, philosophe et mathématicien, montra les limites du système en prouvant l'absence de transitivité systématique en matière électorale : si un électorat préfère A à B et B à C, il n'est pas sûr qu'il préférera A à C… Pour cette raison, une délibération démocratique ne peut dégager systématiquement un choix optimal, c'est-à-dire satisfaisant le plus grand nombre de préférences individuelles (paradoxe de Condorcet). Plus près de nous, dans les années 1950, le prix Nobel d'économie Kenneth Arrow devait démontrer des théorèmes dits d'impossibilité, interprétés depuis comme la preuve mathématique du caractère irrationnel d'un processus électoral.

Même si l'histoire y compris récente a fourni de nombreux exemples de vote allant à l'encontre des aspirations d'une majorité d'électeurs (telle l'élection de George W. Bush avec moins de voix que son adversaire), ces paradoxes ne sauraient cependant faire oublier l'essentiel : en règle générale, les résultats expriment bien l'aspiration de cette majorité… jusqu'à ce que les échéances suivantes n'expriment un basculement de l'opinion publique…

Comment analyser les résultats ?

Depuis près d'un siècle, maintes approches tentent d'expliquer les résultats électoraux ou les attitudes de l'électeur ou d'un électorat.

- La géographie électorale : elle s'attache à mettre en évidence les constantes du vote dans la longue durée en accordant un primat aux caractéristiques sociales ou culturelles (classe sociale, religion…). En cela, il s'agit aussi d'une sociologie électorale qui porte sur les attitudes d'électorats plutôt que sur celles des électeurs. En France, les bases de cette « science du comportement électoral » ont été jetées par André Siegfried avec son célèbre *Tableau politique*, paru en 1913 et manifestement influencé par le *Tableau de la géographie de la France* de Paul Vidal de La Blache. Malgré le déclin du vote dit de classe, cette approche reste encore vivace en France (voir les études du Cevipof) comme dans les pays anglo-saxons.

- L'analyse psychosociologique : développée dans les années 1950-1960 à travers les enquêtes du Survey Center Research (SRC) de l'université du Michigan (États-Unis), elle se focalise sur l'affiliation partisane de l'électeur en considérant qu'il s'agit du principal déterminant du vote. Une approche quelque peu remise en cause depuis par la montée du « nomadisme électoral » constatée aussi bien aux États-Unis qu'en Europe, chez les partisans comme chez les indépendants.

- L'approche économique : influencée par la théorie du choix rationnel, elle appréhende le vote comme un calcul économique : on vote pour le parti ou le candidat qui « maximisera son utilité ». En vogue à partir des années 1980, elle est contestée pour sa propension à faire abstraction du contexte électoral et des différences nationales.

- L'approche des politistes : elle se propose d'interpréter l'orientation d'un vote à partir des données politiques comme la structure de l'offre, l'enjeu de la mobilisation…

- Enfin, l'approche sociohistorique : elle s'attache à retracer l'histoire de la pratique électorale elle-même, les conditions de son émergence et de son institutionnalisation dans un contexte donné. Ce faisant, elle cherche à rendre compte des significations particulières que revêt le vote dans une société. Cette approche caractérise la tendance de plusieurs travaux actuels ; elle peut contribuer à éclairer les difficultés de la transposition hâtive de pratiques électorales dans les sociétés en transition démocratique.

Aux fins de l'analyse, on peut encore distinguer les approches déterministes (qui mettent l'accent sur les structures sociales susceptibles de « déterminer » sinon de pré- disposer l'électeur à voter pour tel ou tel parti) des approches stratégiques (qui mettent au contraire l'accent sur l'acteur et ses choix individuels) ou compréhensives (qui cherchent, elles, à appréhender le vote dans ses multiples significations plutôt que d'en expliquer l'orientation). Loin de s'exclure, ces approches sont complémentaires. La tendance actuelle des recherches électorales est d'ailleurs de les combiner à partir de méthodes quantitatives et qualitatives.

Qu'en est-il de l'abstentionnisme ?

Depuis la fin des années 1980, l'abstentionnisme tend à augmenter en France. Quoique non spécifiquement française, cette tendance est jugée d'autant plus préoccupante que le vote en faveur de partis protestataires progresse, de même que le vote dit blanc consistant à voter en s'abstenant de soutenir un candidat (et que d'aucuns demandent de distinguer en conséquence des votes nuls) et le vote à contre-cœur pour empêcher l'élection de celui qui ne convient pas. Plusieurs causes sont invoquées, à commencer par le désintérêt croissant pour la politique, lié, en France, à la banalisation de l'alternance politique au cours des années 1980-1990 et au brouillage du clivage droite /gauche. En fait, le taux d'abstention dépend beaucoup du contexte électoral et de la nature de l'élection (une présidentielle mobilise souvent plus que les législatives et celles-ci plus que les élections locales ou européennes ; le second tour plus que le premier).

Surtout, l'abstentionnisme n'est pas le fait des mêmes électeurs. Il convient en effet de distinguer les abstentionnistes « intermittents » des abstentionnistes « constants ». Ces derniers représentaient en moyenne 8 % des électeurs inscrits pour les scrutins des années 1995-1997, soit autant que pour la période 1988-1989. En outre, l'abstentionnisme n'exprime pas systématiquement un rejet du politique : il peut être le fait de personnes mal intégrées socialement (on parle alors d'« abstentionnisme social »), non ou mal inscrites (des personnes ayant omis de s'inscrire dans leur nouveau lieu de résidence). Il n'est de surcroît pas systématiquement protestataire mais peut être aussi « sélectif » : on ne vote que pour les élections jugées importantes.

D'autres variables se révèlent déterminantes comme par exemple l'âge (le taux d'abstentionnistes est traditionnellement plus élevé chez les jeunes ; il reste élevé chez les moins de 40 ans avant de diminuer puis de remonter chez les 70 ans et plus), l'origine socio-professionnelle (les cadres, professions libérales et agriculteurs votent traditionnellement plus que la moyenne), le niveau d'études (les diplômés votent plus que les non diplômés), la localisation géographique (on vote plus dans les communes rurales que dans les villes), etc. En revanche, la différence de sexe ne pèse plus : les femmes se mobilisent désormais autant que les hommes.

Au final, l'apparente augmentation de l'abstentionnisme ne saurait, selon les observateurs, être imputée à une dépolitisation des Français mais plus à une volatilité croissante de l'électorat, elle-même imputable à une moindre insertion sociale, une mobilité géographique accrue des électeurs ou encore à la progression des abstentionnistes intermittents qui ne votent que quand l'enjeu leur semble important.

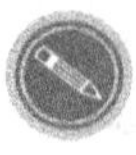

EXERCICE 2 –
Application de la fiche 8

Quelle est l'idée générale (ou que veut démontrer l'auteur ?) de chacun des textes fournis dans l'exercice 1 ?

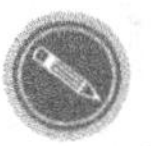

EXERCICE 3 –
Application de la fiche 8

Pour chacun des textes fournis dans l'exercice 1, quels sont les arguments (ou idées secondaires) qui conduisent à ce que veut démontrer l'auteur ?

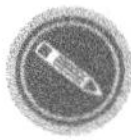

EXERCICE 4 –
Application de la fiche 8

Mettez les phrases dans l'ordre afin d'obtenir un paragraphe en triangle, un paragraphe en triangle inversé ou un paragraphe mixte.

▶ PARAGRAPHE 1 : nouvelles menaces

1. Car d'autres types de dangers se sont développés comme le terrorisme, le trafic de stupéfiants et la délinquance en tout genre.

2. Ce ne sont pas des troupes rangées qui peuvent s'attaquer et venir à bout de ces menaces qui sont diffuses et utilisent souvent une technologie avancée.

3. De plus, les guerres actuelles opposent les pays du Sud entre eux, et non ces derniers aux pays du Nord.

4. En effet, le bloc soviétique n'existant plus, elle n'a, pour la première fois de son histoire, plus d'ennemis à ses frontières ou à sa proximité.

5. La France doit donc organiser ses forces de manière à lutter efficacement contre les agressions modernes.

6. La France ne connaît pas de menace militaire directe sur son territoire.

7. Mais si elle n'a plus à craindre pour sa défense, elle doit toujours veiller à sa sécurité.

▶ PARAGRAPHE 2 : accueil du public

1. Ce fait résulte d'une politique arrêtée par la direction, dotée d'objectifs, de méthodes et de moyens.

2. Ces contre-exemples nous prouvent donc que les frustrations ressenties par les usagers mécontents ne découlent pas d'une fatalité insurmontable.

3. Ces derniers se plaignent régulièrement de l'accueil qu'ils reçoivent tant dans le secteur privé – qui devrait pourtant y être incité par la concurrence –, comme dans le secteur public.

4. Ces organisations qui ont parié sur l'amélioration de la qualité de l'accueil ont généralement aussi mis en œuvre une démarche plus globale de qualité, avec des objectifs de management, de rationalisation et de rentabilité.

5. Il existe cependant des établissements où le visiteur reçoit un accueil satisfaisant.

6. La France ne fait pas partie des pays développés qui font le plus d'efforts pour satisfaire les clients et les usagers.

▶ PARAGRAPHE 3 : enfants disparus

1. Ceux-ci n'ont, notamment, pas le réflexe d'utiliser l'article 74-1 ou d'activer des accords internationaux (convention de La Haye).

2. D'autre part certains mécanismes juridiques se révèlent méconnus des professionnels.

3. Il conviendrait donc d'élaborer un support pédagogique sous forme de fiches pratiques sur les thèmes de la fugue, de l'enlèvement ou de la disparition.

4. Il est apparu, d'une part, que les parents d'enfants enlevés, fugueurs ou disparus étaient très souvent démunis et désorientés quant aux démarches à effectuer.

5. Ils ne savent, par exemple, pas auprès de quel organisme public se renseigner utilement.

6. Par ailleurs, des modules de formation, tant initiale que continue, à destination du public professionnel seraient à mettre en place.

7. Ces fiches contiendraient les numéros verts permanents ainsi que les coordonnées des ministères et associations traitant ces phénomènes.

▶ PARAGRAPHE 4 : cadre actuel de la laïcité

1. En un siècle, la société française est devenue, sous l'effet de l'immigration, diverse sur le plan spirituel et religieux.

2. Il s'agit de concilier l'unité nationale et le respect de la diversité.

3. L'enjeu est aujourd'hui de ménager leur place à de nouvelles religions tout en réussissant l'intégration et en luttant contre les instrumentalisations politico-religieuses.

4. La laïcité, parce qu'elle permet d'assurer une vie commune, prend une nouvelle actualité.

5. La loi du 9 décembre 1905 a affirmé la séparation de l'Église et de l'État.

6. La question laïque ne se pose plus aujourd'hui dans les mêmes termes.

7. Le vivre ensemble est désormais au premier plan.

▶ PARAGRAPHE 5 : transport des marchandises

1. C'est pourquoi le combiné est souvent utilisé comme transport d'appoint : il permet de pallier l'insuffisante capacité de l'offre de transport routier lorsque l'économie croît très vite.

2. En revanche les chargeurs (entreprises) rechignent à lui transférer le gros de leurs marchandises en régime permanent.

3. Il est très difficile au transport combiné rail + route, d'offrir les mêmes garanties de ponctualité, de régularité, donc de qualité que son rival routier, en raison des transbordements et de la plus grande rigidité du mode ferroviaire.

4. Le premier doit pouvoir fournir des sillons (trajets) de bonne qualité, sans donner systématiquement la priorité aux passagers.

5. Le second doit garantir une excellente fiabilité, mais l'absence de concurrence laisse les entrepreneurs sceptiques.

6. Pour qu'ils acceptent de le faire, il est surtout nécessaire que le maillon ferroviaire de la chaîne de transport soit aussi efficace que possible.

7. Sans cela, la vitesse des marchandises reste médiocre.

8. Tant le gestionnaire de l'infrastructure (réseau, gares) que le transporteur peuvent y contribuer.

▶ PARAGRAPHE 6 : traitement des affaires au TGI

1. À l'opposé, le quart d'affaires les plus longues se termine en plus d'une année et près de 8 % durent plus de deux ans.

2. Ainsi, les divorces pour faute ou encore les affaires de droit des contrats représentent chacun près de 30 % des affaires de plus de deux ans et seulement 10 % de l'ensemble des affaires au fond.

3. Ce constat indique, en somme, que la nature des contentieux n'est pas étrangère à la durée de traitement.

4. La durée des affaires devant le TGI est très dispersée : une affaire au fond sur deux se termine en moins de 6,2 mois et une sur quatre en moins de 2,7 mois.

5. La durée moyenne de traitement des affaires civiles au fond est donc obérée par une petite proportion d'affaires particulièrement longues au contentieux très complexe.

6. Le contentieux de la responsabilité entre pour près de 11 % dans les affaires les plus longues alors qu'il représente à peine plus de 3 % des affaires au fond.

7. Les affaires jugées par le tribunal de grande instance (TGI) ont des durées très variables.

▶ PARAGRAPHE 7 : pollution automobile

1. Cependant, le secteur des transports est le premier émetteur de gaz à effet de serre en France.

2. De 1985 à 2000, le trafic automobile a progressé de 44 %, soit une progression deux fois supérieure à celle des transports de voyageurs.

3. De la sorte, la rue et l'espace public ont été conçus pour favoriser les flux automobiles.

4. Fort heureusement, on a pris progressivement conscience de l'importance des nuisances provoquées par l'automobile et de la nécessité de trouver des solutions pour diminuer la pollution atmosphérique et l'engorgement des villes, dans notre pays comme dans beaucoup d'autres nations.

5. L'« automobilité » a bénéficié d'une affectation prioritaire des investissements publics.

6. La pertinence de ces aménagements de voirie a été longtemps évaluée sous l'angle des services rendus à l'automobiliste.

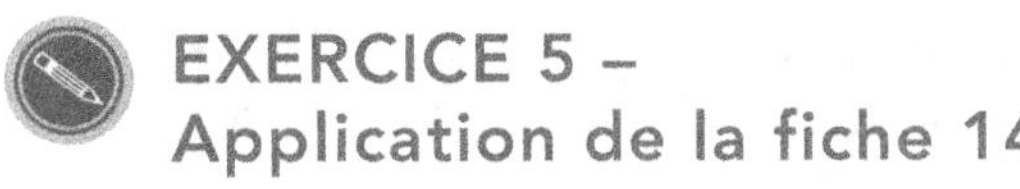

EXERCICE 5 –
Application de la fiche 14

Rédigez les lettres à partir des éléments de réponse suivants :

▶ LETTRE A : LETTRE DE RÉCLAMATION

- Demande remboursement
- DÉPORAMA de TRIFOUILLIS-LES-OIES commande le 10 mai 5 taille-haies 136 et 3 tondeuses JCV5 de la marque COUPTOU chez le fabricant à PERPETTE-LES-OLIVETTES
- Livraison incomplète signalée sur bon de livraison
- Livraison prévue le 20 mai au plus tard
- Marchandise en mauvais état signalée sur bon de livraison
- Retard de livraison
- SAV injoignable par téléphone
- Vous êtes Jérémie Delangré responsable rayon jardinage

▶ LETTRE B : LETTRE DE RÉPONSE À RÉCLAMATION

Vous êtes Mme LAFAIT, responsable des ventes de la société COUPTOU et vous répondez à la réclamation précédente.

▶ LETTRE C : LETTRE DE MOTIVATION

Curriculum vitae
- Marc Defringue, célibataire, 30 ans, aucune personne à charge
- Nationalité française
- Père français, médecin
- Mère d'origine chinoise née à Mélaka (Malaisie), universitaire
- Diplômé de l' Essec Business School de Cergy-Pontoise, promotion 2014
- Titulaire d'un mastère spécialisé marketing management et digital (MMD)

- A participé au Digital Study Trip à l'étranger (10 jours à visiter des entreprises : USA, Argentine, Inde, Japon, Chine, Vietnam, Canada, Italie, Irlande, Dubai)
- A été chef de produit chez TP transmissions pneumatiques, à Lyon, 2014-2017
- Depuis 2017, responsable marketing à la Chénou, Trifouillis, salaire brut 4 916,5 €/mois
- Anglais et mandarin courants ; italien et espagnol bon niveau, malais notions
- Adaptable, créatif, rigoureux, force de proposition (nombreuses initiatives réussies)
- Passionné de TIC et sport automobile
- Répond à l'annonce de l'entreprise Autonomy, lue ce jour sur Linkeding-job

Annonce

L'entreprise de micro-ingénierie Autonomy à Singapour cherche un responsable marketing pour un groupe-produit qui aura pour charge de :

- superviser le budget marketing ;
- maintenir une communication interne efficace ;
- analyser les retombées de ses actions ;
- gérer le marketing au quotidien ;
- créer des supports de toutes sortes ;
- participer à la création et au lancement de nouveaux produits ;
- organiser les conférences, les salons et autres événements ;
- organiser et stratégie marketing à long terme ;
- définir, coordonner et planifier les objectifs de vente ;
- gérer les campagnes publicitaires, les médias, les relations publiques ;
- analyser le marché et assurer la rentabilité de l'entreprise.

EXERCICE 6 –
Application de la fiche 17

Rédigez l'analyse des textes fournis dans l'exercice 1.

EXERCICE 7 –
Application des fiches 9 et 18

Après avoir appliqué les méthodes d'exploitation de textes expliquées dans la partie II, rédigez la synthèse du dossier https://www.fonction-publique.gouv.fr/files/files/score/ecoles-formation/ira/sujets-2018/3e_concours_Sujet_2018.pdf

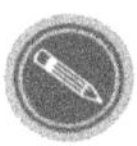

EXERCICE 8 –
Application de la fiche 19

Donnez un titre plein aux paragraphes obtenus après la réalisation de l'exercice 4.

EXERCICE 9 –
Application de la fiche 25

Supprimez les mots ou les expressions qui n'apportent aucun sens à la phrase.
Ex. : Je vous recommande d'améliorer votre façon d'interagir ~~les uns avec les autres~~.

1. Nous allons nous réunir ensemble pour étudier les conséquences qui découlent de l'incendie.
2. Certains ne sont pas respectueux de l'environnement social qui les entoure.
3. Pour élaborer les procédures, nous devons identifier les particularités spécifiques de chaque service.

4. Je vous demande de prévoir à l'avance les risques potentiels de rupture de stock.

5. La France devra compter sur les financements étrangers des autres pays.

6. L'éloignement n'est qu'un prétexte justifiant la réticence au tri sélectif des déchets.

7. Encore une fois nos ventes ont atteint un chiffre sans précédent.

8. Il faudra avoir complètement achevé.

9. Désormais chacun devra s'autogérer soi-même pour atteindre la perfection absolue.

10. Il faut optimiser au maximum nos produits français pour limiter les importations de l'étranger.

11. Cet appareil n'est pas fiable ; il y a eu des précédents de dysfonctionnements par le passé.

12. La réunion est reportée à une date ultérieure.

13. La prochaine fois, il faudra réserver à l'avance, voire même s'abonner.

14. Vous ne savez pas coopérer ensemble, comme par exemple lors de l'échec du projet X.

15. Je préfère plutôt tenter d'obtenir le monopole exclusif des ventes.

16. Jacques Haddi est élu à l'unanimité totale.

17. Il y a un risque de danger potentiel à bâtir sur un terrain inondable.

18. Cette crise nous a surpris à l'improviste en pleine ascension de nos ventes.

19. Ce marché est une vraie opportunité à saisir.

20. Ce changement a provoqué un tollé général de protestations.

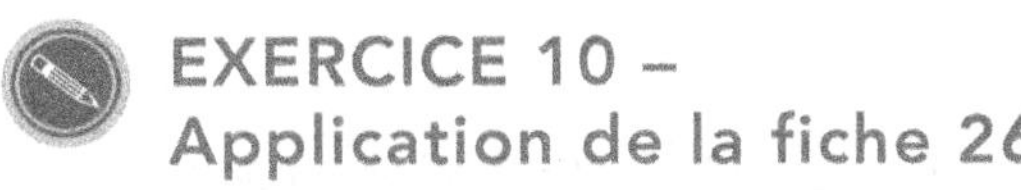

EXERCICE 10 –
Application de la fiche 26

Améliorez les phrases en utilisant un verbe riche en sens et/ou en supprimant la tournure qui les alourdi.

▶ SÉRIE A

1. J'ai eu recours à la justice.
2. J'attache de l'intérêt à ce projet.
3. L'escroc a été mis en état d'arrestation.
4. Je vous donnerai avis sur ma décision.
5. Mon chef m'a opposé un refus sur le stage de communication.
6. Je statuerai sur la fixation de la date de la prochaine réunion.
7. La mise en circulation de ce produit interviendra en mai.
8. Je réserve à votre demande une suite favorable.

▶ SÉRIE B

1. **Il y a** le bâtiment principal derrière l'enceinte.
2. **Il y a** le rôle stimulant de l'essor des techniques de constructions.
3. Sous un régime parlementaire, **il y a** des débats d'idées.
4. **Il y a** un trois-mâts sur la mer.
5. **Il y a** de la révolte dans ce texte.
6. D'après les analyses, **il y a** du prion pathologique dans l'encéphale.
7. Dans ce texte **il y a** tous les éléments de réponse.
8. **Il y a** un antagonisme d'opinion entre les deux chercheurs.
9. **Il y a** un nouveau règlement pour les travaux pénibles.

▶ SÉRIE C

1. Comment expliquer autrement **le fait que** les 850 000 € qui avaient été alloués n'aient pas suffi ?
2. C'est surtout **le fait que** ce pays se trouve abandonné qui est grave.
3. Cela repose sur **le fait qu'il** a été utilisé comme dépotoir industriel.
4. Cela vient **du fait qu'il** n'est pas important en matière économique.
5. **Le fait qu'il** se montre très discret actuellement sur la scène internationale doit lui être reproché.
6. La divergence des modèles provient **du fait que** les complexités ne sont pas connues.
7. L'apprentissage d'une langue est favorisé par **le fait que** l'étudiant baigne dans la culture du pays.
8. Les historiens s'accordent sur **le fait que** ce mode de pensée est le fruit de multiples facteurs.

▶ SÉRIE D

1. La remarque a été faite que son expérience nous servira.
2. Il faut tout d'abord considérer que la situation progresse.
3. Il ne faut pas négliger le faible rapport de cette activité.
4. On doit reconnaître que la coopération inter-régionale favorise l'union européenne.
5. On a coutume de dire que chacun est responsable de ses actes.
6. Le bon sens estime que l'économie de marché engendre des inégalités.

EXERCICE 11 –
Application de la fiche 28

Dans les phrases suivantes, mettez le verbe entre parenthèses à un temps convenable du mode indicatif.

1. Votre femme a téléphoné juste après que vous (sortir).

2. Après que les badauds se (éloigner), la querelle reprit de plus belle.

3. Je l'ai vu un peu après qu'il (prendre) ses fonctions à la Société Chénou.

4. Votre règlement nous est parvenu cinq mois après que ces marchandises vous (livrer).

5. Vous m'en parlerez après que M. Meube vous (transmettre) le dossier.

6. Nous reprendrons cette conversation après que vous (visiter) nos locaux.

7. Le personnel rejoindra son poste de travail après que l'exercice d'alerte (terminer).

8. Il est difficile de renoncer au plaisir de la lecture après qu'on y (goûter).

9. Chaque jour, après que je (prendre) mon café, ma secrétaire m'apporte le courrier.

10. J'ai informé M. Muske de ce changement aussitôt que j'en (être prévenu) moi-même.

11. On me fait monter les journaux aussitôt qu'ils (arriver).

12. Renvoyez-moi ce document sitôt que vous le (pouvoir).

13. Sitôt que le chef (sortir), Lilou éclata de rire.

14. Une fois que vous (terminer) ces comptes, je vous confierai une autre mission.

15. Vous me ferez signe sitôt que vous (être) libre.

 EXERCICE 12 – Application de la fiche 28

Accordez le participe passé.

▶ AVEC L'AUXILIAIRE *ÊTRE*

1. Ces deux collègues se sont menti… toute leur vie et elles s'en sont voulu…
2. Cette maladie s'est manifesté… par de violents maux de tête.
3. Elle s'est complu… à faire du mal.
4. Elle s'était saisi… de son manteau.
5. Elles se sont prélassé… sur des fauteuils moelleux.
6. Ils se sont absenté… de leur poste.
7. Ils se sont battu…
8. Ils se sont plaint… de la nouvelle décoration.
9. Ils se sont plu… à travailler ensemble.
10. Ils se sont souri… en se reconnaissant.
11. L'ère tertiaire et l'ère quaternaire se sont succédé…
12. La maison qu'il s'était construit…
13. Les enquêteurs se sont aperçu… de leur erreur.
14. Les entreprises se sont efforcé… de produire davantage.
15. Les manifestants s'étaient insurgé… contre les mauvaises conditions de travail.
16. Les nouvelles collections se sont enrichi… cette année.
17. Les nouvelles réglementations se sont attaqué… au problème de l'absentéisme.
18. Les ouvriers se sont extasié… devant la nouvelle machine.
19. Les pommes se sont bien vendu… cette année.
20. Les vieux meubles se sont rassemblé… à la réserve.
21. M. Martin et M. Legrand se sont succédé… à la direction de l'entreprise.
22. Une nouvelle maison s'est construit… à la sortie du village.

▶ AVEC L'AUXILIAIRE *AVOIR*

1. Avez-vous vu les énormes grêlons qu'il est (tomber) ?

2. C'est Odile que j'ai (entendre) entrer.

3. Combien de frayeurs ce projet nous a (coûter).

4. Il n'a pas effectué les tâches qu'il aurait (devoir).

5. Il les a (laisser) partir.

6. Ils ont eu besoin de consignes et ils en ont (demander).

7. Ils ont pris toutes les précautions qu'ils ont (pouvoir).

8. Ils sont échaudés par tous les accidents qu'il y a (avoir).

9. J'ai fait tous les efforts que j'ai (pouvoir).

10. J'ai sélectionné des nouveaux produits et j'en ai (commander).

11. Je n'ai pas obtenu les résultats que j'aurais (vouloir).

12. L'affaire fut plus rentable qu'on ne l'avait (espérer).

13. L'auto qu'on lui avait (donner) à réparer.

14. La notice qu'il m'avait (dire) connaître.

15. La pianiste que j'ai (entendre) jouer.

16. La sonate que j'ai (entendre) jouer.

17. Le chantier a été fermé les deux jours qu'il a (neiger) l'hiver dernier.

18. Les acteurs que j'ai (voir) jouer.

19. Les années qu'il a (vivre) parmi nous.

20. Les conseils que vous auriez (devoir) écouter.

21. Les dix années qu'il a (passer) parmi nous.

22. Les films que j'ai (voir) jouer.

23. Les marchandises qu'il a (peser).

24. Les millions que cette mission a (coûter).

25. Les pièces que j'ai (faire) commander.

26. Les problèmes qu'il a (avoir) à résoudre.

27. Les quatre-vingts kilos qu'il a (peser) autrefois.

28. Les soupçons qu'il a (faire) naître.

29. Pensez aux six heures qu'il a (travailler) sur ce projet.

30. Rappelez-vous les choses singulières qu'il est (arriver) l'an passé.

CORRIGÉS DES APPLICATIONS

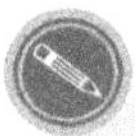 ## CORRECTION DE L'EXERCICE 1

▶ TEXTE A : «FORMATION PROFESSIONNELLE :
LA VRAIE RÉFORME RESTE À FAIRE»

Le gouvernement s'est lancé dans une réforme de la formation professionnelle volontaire et ambitieuse. C'est la 7ᵉ fois qu'un gouvernement s'attaque à la question de l'efficacité de la formation professionnelle depuis 2004. En dépit des avancées qu'elle propose, la réforme 2018 n'apporte pas les réponses attendues et ce pour au moins trois raisons :

1. La formation professionnelle n'est pas une fin en soi. Le faire croire est une erreur qui coûte cher aux finances publiques, aux entreprises et aux salariés en mal de trouver un emploi. Tous les dispositifs existant, accumulés comme un mille-feuilles, trop complexes pour servir les plus démunis face aux évolutions des besoins en compétences des entreprises, ne trouvent de justification que dans le maintien d'une gouvernance et d'une organisation qui répondent plus aux besoins des partenaires sociaux qu'à ceux à qui ils sont destinés.

2. Le principal objectif de la formation professionnelle est l'employabilité. La formation est donc un levier à actionner dans

l'objectif prioritaire de développer l'employabilité des plus éloignés de l'emploi. Or, le système actuel, dans son ensemble, sert plus et mieux les salariés ayant des profils de compétences adaptées aux besoins des entreprises que ceux dont les profils sont éloignés de l'emploi ou primoaccédant en situation de difficulté. Les investissements en matière de formation professionnelle doivent donc être recentrés sur ces populations.

3. La simplification du système de la formation professionnelle avec une transformation de ses acteurs comme les OPCA, est nécessaire. Mais la recentralisation des arbitrages sur les branches et un organe central comme France Compétences éloignent les solutions de la réalité du terrain. Quel est le point vital pour focaliser et faire converger les investissements formation (professionnelle, continue et initiale) ? Là où les gens trouvent du travail : leur région.

Le système engloutit 15 milliards d'euros par an (sans compter les frais) ; pourtant, notre pays compte près de 3,5 millions de demandeurs d'emploi et 350 000 à 400 000 emplois restent vacants faute de candidats présentant les compétences requises.

Non seulement le système de formation bénéficie beaucoup plus aux salariés qu'aux demandeurs d'emploi, et beaucoup plus aux cadres qu'aux ouvriers mais en plus il ne permet pas aux 15-24 ans d'accéder à l'emploi : un quart d'entre eux sont au chômage, contre 11 % en Allemagne. Il alloue aux salariés, *via* le compte personnel de formation (CPF), des millions d'heures de formation dont 80 % ne sont jamais utilisées.

Nous sommes prisonniers d'un cercle vicieux d'inefficacité. Et nous n'en sortirons qu'au prix d'évolutions beaucoup plus ambitieuses que celles de la réforme en cours. La gouvernance de notre système de formation doit être confiée aux régions. Les entreprises doivent être libres de former leurs salariés comme elles l'entendent, et astreintes à une obligation de résultat sur leur employabilité. Enfin, les individus doivent être incités à se prendre en charge ; en matière d'employabilité, ils ont des droits et aussi des devoirs.

C'est le sens des six propositions que nous formulons pour aller plus loin dans la transformation nécessaire.

Proposition 1 : **confier la gouvernance du système de formation aux régions**

La population active française n'est pas mobile et 80 % des emplois privés sont fournis par des ETI, des PME et des TPE au rayon d'action limité. Or les régions connaissent parfaitement leur terrain économique local. Elles financent des lycées professionnels, des formations en alternance, des contrats d'apprentissage. Elles vivent en prise directe avec leurs bassins d'emploi. Aucun autre échelon administratif n'a une telle légitimité pour cibler et accompagner les besoins prioritaires en compétences.

Aussi, nous proposons de confier la gouvernance de la formation professionnelle aux régions : coordination des structures publiques et des financements, mise en place de la gestion prévisionnelle des emplois et des compétences (GPEC) à l'échelle des bassins d'emplois, adaptation des mesures nationales aux spécificités locales…

Il suffira d'une instance paritaire par région pour gérer ce dispositif. Quant à la cohérence nationale, elle sera garantie par Régions de France qui représentera les régions auprès du nouvel établissement public quadripartite, France Compétences.

Proposition 2 : **laisser les entreprises financer la formation de leurs salariés**

Les entreprises sont enlisées dans la lourdeur administrative du système de formation, en particulier les mécanismes d'agrément et de remboursement des formations.

Nous proposons de simplifier ce système. Les entreprises continueront à verser un prélèvement (1 % de la masse salariale par exemple) pour les demandeurs d'emploi, apprentis, alternants et jeunes sans qualification. Mais elles ne verseront plus rien pour la formation des salariés en activité, et financeront directement la formation de leurs collaborateurs, avec une totale liberté de choix.

Les organismes de formation qui travaillent pour les entreprises seront dispensés de toute formalité d'agrément, puisqu'ils sont financés sur fonds privés. L'agrément ne sera maintenu que pour les programmes financés sur fonds publics.

Proposition 3 : donner aux entreprises une obligation de résultat sur l'employabilité

En contrepartie de cette liberté sur leur politique formation, les entreprises auront une obligation de résultats sur l'employabilité de leurs collaborateurs. Si elles veulent se séparer de salariés dont elles jugent les compétences inadaptées, elles devront démontrer au préalable qu'elles ont tout mis en œuvre pour améliorer leur employabilité.

Tout mettre en œuvre consistera par exemple à remplacer le plan annuel de formation, trop axé sur des moyens, par un plan de développement de l'emploi et de l'employabilité élaboré avec les partenaires sociaux, dans un esprit de coresponsabilité.

L'employeur et les syndicats s'attacheront à mieux prévoir les évolutions de l'environnement économique et leur impact sur les compétences des équipes.

Proposition 4 : inciter les actifs à s'approprier leur employabilité

L'**emploi** à vie dans la même entreprise et les parcours professionnels rectilignes sont des concepts dépassés. 80 % des salariés d'aujourd'hui devront changer une ou deux fois d'entreprise ou de métier pendant leur carrière, voire plus.

Il est temps de dire aux actifs que l'État et l'entreprise ne sont pas les seuls responsables de leur employabilité : ce projet leur appartient, et ils ont des droits et des devoirs dans ce domaine. L'objectif ici est donc de sensibiliser et « d'éduquer », au sens noble du terme.

L'accès aux conseils en évolution professionnelle doit être rendu plus facile y compris financièrement : sur ce point, la réforme de 2018 va dans le bon sens.

Quant aux entreprises, elles doivent proposer un autre regard sur la formation. L'entretien professionnel instauré en 2014 doit servir à sensibiliser le salarié et l'inviter à se former de sa propre initiative, par exemple sur Internet, en complément des stages proposés par l'employeur.

Proposition 5 : assouplir et valoriser les cursus en alternance

Les régions doivent être autorisées à créer des cursus en alternance, hors du carcan des formations qualifiantes définies par les branches professionnelles, pour répondre aux spécificités de leurs bassins d'emploi. Ces cursus pourront être élargis à des éléments de savoir-être, essentiels pour des jeunes sans expérience : sens des responsabilités, capacité à travailler en équipe, respect des règles…

Autre proposition : réévaluer la rémunération des alternants afin qu'un jeune de 18 ans touche au moins le Smic. Il pourra ainsi associer accès à l'emploi et début d'accès à l'autonomie sociale.

Proposition 6 : créer un mécanisme d'abondement défiscalisé du salarié sur son CPF

La monétisation du CPF est une avancée importante. Nous proposons d'aller au bout de cette logique en ajoutant un mécanisme d'abondement défiscalisé au CPF.

Les abondements seront déductibles du revenu imposable jusqu'à 10 % du salaire annuel, soit le même taux que pour les versements sur un contrat de retraite de type plan d'épargne retraite populaire (PERP). Ainsi, il deviendra aussi « rentable » d'investir pour son employabilité que d'épargner pour ses vieux jours.

En conclusion

Un système de formation plus efficace ne résoudra pas par magie nos problèmes d'emploi et de compétitivité. En revanche, il améliorera l'employabilité des actifs : leurs carrières seront plus fluides, les entreprises trouveront les compétences dont elles ont besoin.

L'employabilité est donc l'objectif clé. L'État doit la promouvoir par tous les moyens. Les entreprises doivent s'en emparer et y travailler avec les partenaires sociaux. Quant aux actifs, ils doivent se l'approprier, ne pas tout attendre de l'État ou de leur employeur. Un changement de perspective qui demandera sans doute plusieurs années d'effort : autant commencer tout de suite.

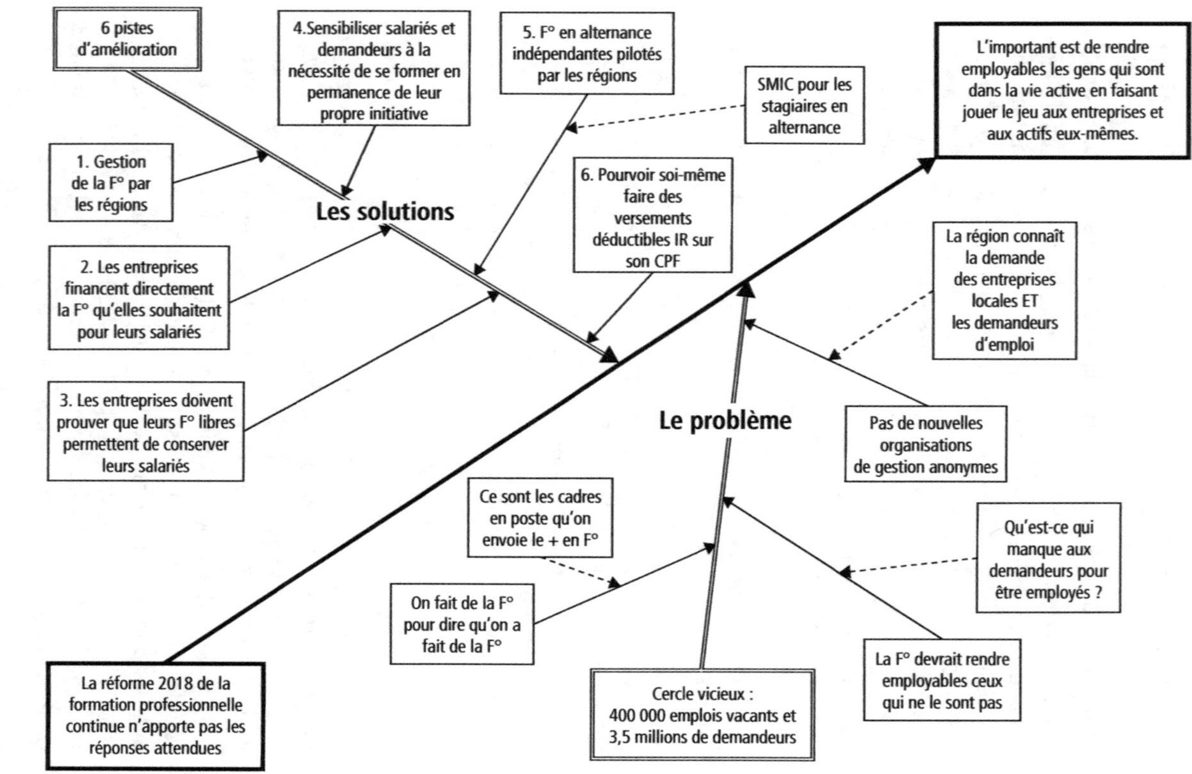

Figure 1 corrigé 1

▶ TEXTE B : « LE VOTE AUJOURD'HUI »

Depuis quand vote-t-on ?

Le vote est une pratique ancienne et courante dans la plupart des sociétés y compris non démocratiques (on était appelé à voter régulièrement dans l'ex-Urss) ou d'institutions traditionnelles (l'Église a toujours recouru à des procédures de vote sophistiquées). S'il n'empêche pas le recours à la violence ou les jeux d'influence, ce mode de désignation à une fonction, ou de validation d'une décision collective, a été, de longue date, conçu comme une alternative à l'affrontement physique, la cooptation, l'hérédité ou le tirage au sort.

En revanche, le vote tel que nous le connaissons aujourd'hui – la désignation de représentants à partir d'élections opposant plusieurs candidats – ne s'est imposé que récemment (tout comme la pratique consistant à ratifier un texte par référendum). Longtemps, ce mode de sélection a d'ailleurs été jugé non démocratique et on lui préférait le tirage au sort (comme dans la démocratie athénienne où seuls les stratèges et les généraux étaient élus tandis que les autres fonctions étaient pourvues par tirage au sort, entre des personnes jugées préalablement aptes).

Jusqu'au XIXe siècle, le vote pour l'élection de représentants est réservé à une fraction de la population : les citoyens jugés actifs (ce dont devait témoigner leur capacité à payer un impôt, le cens) ; en sont donc exclues les personnes jugées dépendantes parce que subordonnées à autrui ou vivant au sein d'institutions : les aliénés, les moines cloîtrés mais aussi les domestiques et… les femmes. Ainsi, en France, le corps électoral se limite à 90 000 personnes en 1815, à moins de 250 000 en 1846. La proclamation du suffrage universel en 1848 marque un tournant. Il faudra cependant attendre presqu'un siècle pour que le droit de vote soit reconnu aux Françaises (décret du 21 avril 1944) ; un tel droit était acquis dès 1893 en Nouvelle-Zélande, 1902 en Australie, 1906 en Finlande, 1918 en Angleterre, 1919 en Allemagne… Il faut attendre également des décennies pour que soit mis fin à des privilèges comme le vote plural (la possibilité pour certaines personnes de voter plusieurs fois, introduite en France en 1820 mais également pratiquée en Angleterre, en Prusse, etc.) ou que soit adopté le vote secret avec isoloir et enveloppe (1913 en France, dès 1872 en Grande-Bretagne).

Au-delà de la résolution des problèmes techniques posés par l'organisation d'une élection au suffrage universel (définition d'un corps électoral et du mode de scrutin, découpage du territoire en circonscriptions…), la généralisation du vote pour l'élection de candidats a supposé une révolution sur le plan des idées : la reconnaissance du principe d'égalité entre les individus malgré leurs différences sociales, religieuses ou autres.

Malgré l'extension régulière de l'électorat, l'histoire du vote ne saurait cependant être assimilée à une évolution linéaire. Comment expliquer sinon l'extrême variété des modes de scrutin à travers le monde, même entre les pays dits développés et démocratiques ? Il n'est pas jusqu'à la scénographie du vote qui ne varie encore d'une société à l'autre : l'ensemble urne-isoloir-enveloppe-carte d'électeur, destiné à garantir le secret du vote, ne s'est diffusé que récemment sans faire disparaître d'autres mises en scène (en Grèce, l'urne de chaque candidat est encore divisée en deux compartiments de couleurs différentes, un noir pour le non, un blanc pour le oui, l'électeur glissant une boule de plomb par un entonnoir ; au Portugal, le vote se déroule dans les églises ; etc.).

Comment vote-t-on ?

La sélection de candidats à une fonction peut s'effectuer selon une grande variété de procédures électorales : scrutin majoritaire (le vainqueur est celui qui obtient une majorité absolue, relative ou qualifiée, c'est-à-dire fixée à un certain montant) ou proportionnel (les sièges sont répartis en fonction du nombre de suffrages recueillis), uninominal ou plurinomal (selon qu'il y a un ou plusieurs sièges à pourvoir), à un ou deux tour(s). À quoi s'ajoute encore le vote par listes bloquées, pratiqué notamment pour l'élection présidentielle américaine (le vainqueur, même d'une seule voix, remporte la totalité des mandats attribués à un État).

Quel est le meilleur des systèmes ? Avant même l'avènement de la démocratie représentative, des savants avaient mis en garde contre les effets pervers d'une élection opposant plus de deux candidats. L'élu n'est pas systématiquement celui qui a la préférence de la majorité des électeurs ! Un résultat connu sous le nom de paradoxe de Borda, du nom du chevalier, membre de l'Académie royale des sciences, qui au XVIIIe siècle montra qu'un candidat qui aurait été jugé inférieur à chacun de ses adversaires pouvait néanmoins l'emporter au terme d'une élection à la majorité simple ! En guise de solution, ce même Borda proposa l'attribution par l'électeur de points à chaque candidat suivant le mérite qu'il lui attribue, la répartition des points étant fixée à l'avance. À sa suite, le marquis de Condorcet, philosophe et mathématicien, montra les limites du système en prouvant l'absence de transitivité systématique en matière électorale : si un électorat préfère A à B et B à C, il n'est pas sûr qu'il préférera A à C... Pour cette raison, une délibération démocratique ne peut dégager systématiquement un choix optimal, c'est-à-dire satisfaisant le plus grand nombre de préférences individuelles (paradoxe de Condorcet). Plus près de nous, dans les années 1950, le prix Nobel d'économie Kenneth Arrow devait démontrer des théorèmes dits d'impossibilité, interprétés depuis comme la preuve mathématique du caractère irrationnel d'un processus électoral.

Même si l'histoire y compris récente a fourni de nombreux exemples de vote allant à l'encontre des aspirations d'une majorité d'électeurs (telle l'élection de George W. Bush avec moins de voix que son adversaire), ces paradoxes ne sauraient cependant faire oublier l'essentiel : en règle générale, les résultats expriment bien l'aspiration de cette majorité... jusqu'à ce que les échéances suivantes n'expriment un basculement de l'opinion publique...

Comment analyser les résultats ?

Depuis près d'un siècle, maintes approches tentent d'expliquer les résultats électoraux ou les attitudes de l'électeur ou d'un électorat.

- La géographie électorale : elle s'attache à mettre en évidence les constantes du vote dans la longue durée en accordant un primat aux caractéristiques sociales ou culturelles (classe sociale, religion…). En cela, il s'agit aussi d'une sociologie électorale qui porte sur les attitudes d'électorats plutôt que sur celles des électeurs. En France, les bases de cette «science du comportement électoral» ont été jetées par André Siegfried avec son célèbre *Tableau politique*, paru en 1913 et manifestement influencé par le *Tableau de la géographie de la France* de Paul Vidal de La Blache. Malgré le déclin du vote dit de classe, cette approche reste encore vivace en France (voir les études du Cevipof) comme dans les pays anglo-saxons.

- L'analyse psychosociologique : développée dans les années 1950-1960 à travers les enquêtes du Survey Center Research (SRC) de l'université du Michigan (États-Unis), elle se focalise sur l'affiliation partisane de l'électeur en considérant qu'il s'agit du principal déterminant du vote. Une approche quelque peu remise en cause depuis par la montée du «nomadisme électoral» constatée aussi bien aux États-Unis qu'en Europe, chez les partisans comme chez les indépendants.

- L'approche économique : influencée par la théorie du choix rationnel, elle appréhende le vote comme un calcul économique : on vote pour le parti ou le candidat qui «maximisera son utilité». En vogue à partir des années 1980, elle est contestée pour sa propension à faire abstraction du contexte électoral et des différences nationales.

- L'approche des politistes : elle se propose d'interpréter l'orientation d'un vote à partir des données politiques comme la structure de l'offre, l'enjeu de la mobilisation…

- Enfin, l'approche sociohistorique : elle s'attache à retracer l'histoire de la pratique électorale elle-même, les conditions de son émergence et de son institutionnalisation dans un contexte donné. Ce faisant, elle cherche à rendre compte des significations particulières que revêt le vote dans une société. Cette approche caractérise la tendance de plusieurs travaux actuels ; elle peut contribuer à éclairer les difficultés de la transposition hâtive de pratiques électorales dans les sociétés en transition démocratique.

Aux fins de l'analyse, on peut encore distinguer les approches déterministes (qui mettent l'accent sur les structures sociales susceptibles de « déterminer » sinon de pré- disposer l'électeur à voter pour tel ou tel parti) des approches stratégiques (qui mettent au contraire l'accent sur l'acteur et ses choix individuels) ou compréhensives (qui cherchent, elles, à appréhender le vote dans ses multiples significations plutôt que d'en expliquer l'orientation). Loin de s'exclure, ces approches sont complémentaires. La tendance actuelle des recherches électorales est d'ailleurs de les combiner à partir de méthodes quantitatives et qualitatives.

Qu'en est-il de l'abstentionnisme ?

Depuis la fin des années 1980, l'abstentionnisme tend à augmenter en France. Quoique non spécifiquement française, cette tendance est jugée d'autant plus préoccupante que le vote en faveur de partis protestataires progresse, de même que le vote dit blanc consistant à voter en s'abstenant de soutenir un candidat (et que d'aucuns demandent de distinguer en conséquence des votes nuls) et le vote à contre-cœur pour empêcher l'élection de celui qui ne convient pas. Plusieurs causes sont invoquées, à commencer par le désintérêt croissant pour la politique, lié, en France, à la banalisation de l'alternance politique au cours des années 1980-1990 et au brouillage du clivage droite/gauche. En fait, le taux d'abstention dépend beaucoup du contexte électoral et de la nature de l'élection (une présidentielle mobilise souvent plus que les législatives et celles-ci plus que les élections locales ou européennes ; le second tour plus que le premier).

Surtout, l'abstentionnisme n'est pas le fait des mêmes électeurs. Il convient en effet de distinguer les abstentionnistes « intermittents » des abstentionnistes « constants ». Ces derniers représentaient en moyenne 8 % des électeurs inscrits pour les scrutins des années 1995-1997, soit autant que pour la période 1988-1989. En outre, l'abstentionnisme n'exprime pas systématiquement un rejet du politique :

il peut être le fait de <u>personnes mal intégrées</u> socialement (on parle alors d'« abstentionnisme social »), non ou <u>mal inscrites</u> (des personnes ayant omis de s'inscrire dans leur nouveau lieu de résidence). Il n'est de surcroît pas systématiquement protestataire mais peut être aussi « sélectif » : <u>on ne vote que pour les élections jugées importantes</u>.

D'autres variables se révèlent déterminantes comme par exemple l'<u>âge</u> (le taux d'abstentionnistes est traditionnellement plus élevé chez les jeunes ; il reste élevé chez les moins de 40 ans avant de diminuer puis de remonter chez les 70 ans et plus), l'<u>origine socio-professionnelle</u> (les cadres, professions libérales et agriculteurs votent traditionnellement plus que la moyenne), le <u>niveau d'études</u> (les diplômés votent plus que les non-diplômés), la <u>localisation</u> géographique (on vote plus dans les communes rurales que dans les villes), etc. En revanche, <u>la différence de sexe ne pèse plus</u> : les femmes se mobilisent désormais autant que les hommes.

Au final, <u>l'apparente augmentation de l'abstentionnisme ne saurait, selon les observateurs, être imputée à une dépolitisation des Français mais plus à une volatilité croissante de l'électorat</u>, elle-même imputable à une moindre insertion sociale, une mobilité géographique accrue des électeurs ou encore à la progression des abstentionnistes intermittents qui ne votent que quand l'enjeu leur semble important.

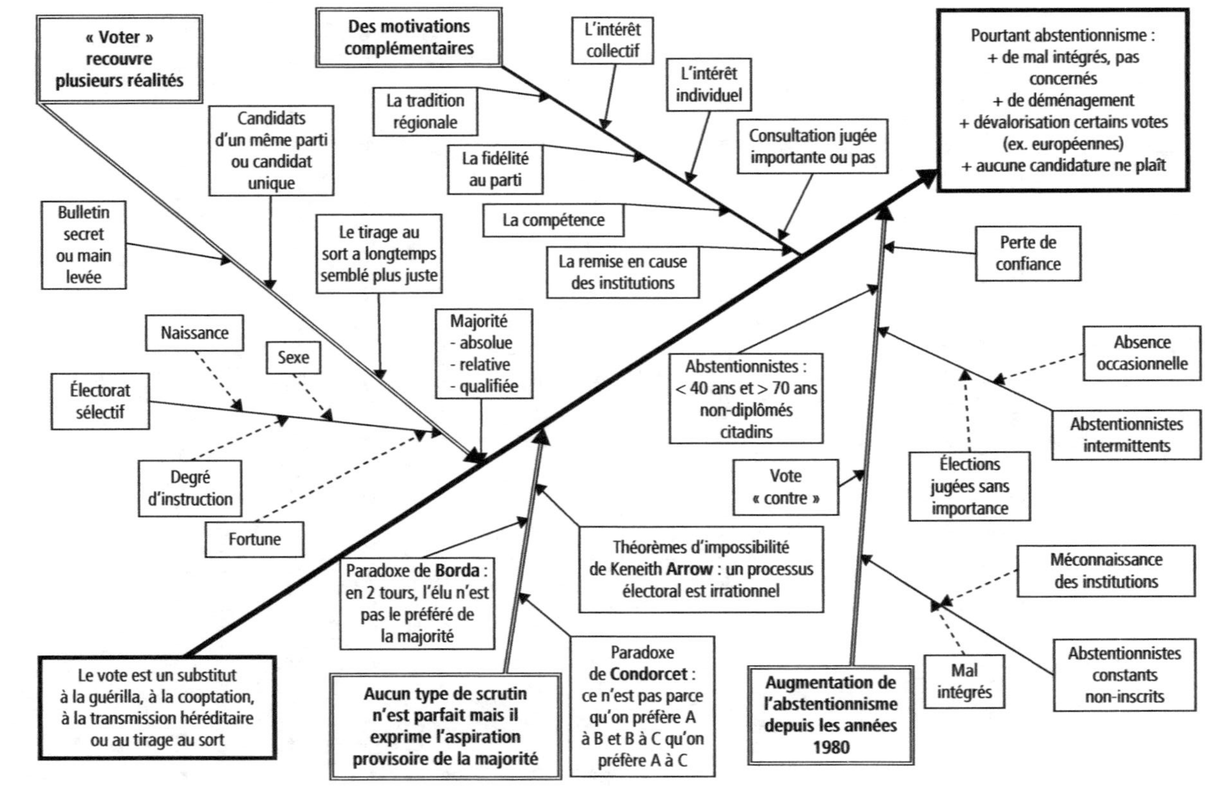

Figure 2 corrigé 1

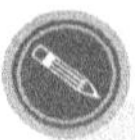

CORRECTION DE L'EXERCICE 2

▶ TEXTE A : «FORMATION PROFESSIONNELLE : LA VRAIE RÉFORME RESTE À FAIRE»

Le rôle de la formation professionnelle continue est de rendre employables les gens qui sont dans la vie active (salariés et demandeurs d'emploi) en faisant jouer le jeu aux entreprises et aux actifs eux-mêmes.

▶ TEXTE B : «LE VOTE AUJOURD'HUI»

Le vote est la moins mauvaise façon de choisir démocratiquement un représentant et les abstentions sont l'expression d'une mauvaise intégration, du manque d'intérêt pour certaines consultations ou de la mobilité des populations.

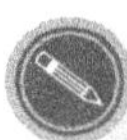

CORRECTION DE L'EXERCICE 3

▶ TEXTE A : «FORMATION PROFESSIONNELLE : LA VRAIE RÉFORME RESTE À FAIRE»

Problème : Il y a 3,5 millions de demandeurs d'emploi alors que 400 000 emplois sont vacants :

- L'objectif n'est pas d'avoir fait de la formation, mais de rendre les gens employables.
- Les organismes de gestion de la FPC ne s'appuient pas sur l'offre et la demande d'emploi.

Six pistes d'amélioration :

- La gestion doit être confiée à la région qui est plus proche des réalités ;
- que les entreprises financent les formations qu'elles souhaitent pour leurs salariés ;

- mais qu'elles ne licencient personne sans prouver qu'elles ont tout fait pour le mettre à jour ;
- que les gens prennent l'initiative de compléter en permanence leur formation ;
- que la région ouvre des formations en alternance qui rendent les gens employables et que les stagiaires soient payés au Smic ;
- que chacun puisse épargner de l'argent sur son CPF par des versements déductibles.

▶ TEXTE B : «LE VOTE AUJOURD'HUI»

- Le vote existe depuis très longtemps et a revêtu différentes formes quant à la nature des électeurs, aux conditions de candidature et au mode de scrutin.
- Mathématiciens, économistes et politologues ont mis en évidence les faiblesses du vote. Il n'empêche qu'il exprime l'opinion majoritaire d'un moment donné.
- À travers leur vote, les électeurs expriment des motivations très variées.
- Le nombre d'abstentionnistes augmente pour différentes raisons récapitulées en conclusion.

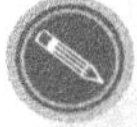

CORRECTION DE L'EXERCICE 4

▶ PARAGRAPHE 1 : (6, 4, 3, 7, 1, 2, 5)

La France ne connaît pas de menace militaire directe sur son territoire. En effet, le bloc soviétique n'existant plus, elle n'a, pour la première fois de son histoire, plus d'ennemis à ses frontières ou à sa proximité. De plus, les guerres actuelles opposent les pays du Sud entre eux, et non ces derniers aux pays du Nord. Mais si elle n'a plus à craindre pour sa défense, elle doit toujours veiller à sa sécurité.

Car d'autres types de dangers se sont développés comme le terrorisme, le trafic de stupéfiants et la délinquance en tout genre. Ce ne sont pas des troupes rangées qui peuvent s'attaquer et venir à bout de ces menaces qui sont diffuses et utilisent souvent une technologie avancée. La France doit donc organiser ses forces de manière à lutter efficacement contre les agressions modernes.

▶ PARAGRAPHE 2 : (6, 3, 5, 1, 4, 2)

La France ne fait pas partie des pays développés qui font le plus d'efforts pour satisfaire les clients et les usagers. Ces derniers se plaignent régulièrement de l'accueil qu'ils reçoivent tant dans le secteur privé – qui devrait pourtant y être incité par la concurrence –, comme dans le secteur public. Il existe cependant des établissements où le visiteur reçoit un accueil satisfaisant. Ce fait résulte d'une politique arrêtée par la direction, dotée d'objectifs, de méthodes et de moyens. Ces organisations qui ont parié sur l'amélioration de la qualité de l'accueil ont généralement aussi mis en œuvre une démarche plus globale de qualité, avec des objectifs de management, de rationalisation et de rentabilité. Ces contre-exemples nous prouvent donc que les frustrations ressenties par les usagers mécontents ne découlent pas d'une fatalité insurmontable.

▶ PARAGRAPHE 3 : (4, 5, 2, 1, 3, 7, 6)

Il est apparu, d'une part, que les parents d'enfants enlevés, fugueurs ou disparus étaient très souvent démunis et désorientés quant aux démarches à effectuer. Ils ne savent, par exemple, pas auprès de quel organisme public se renseigner utilement. D'autre part certains mécanismes juridiques se révèlent méconnus des professionnels. Ceux-ci n'ont, notamment, pas le réflexe d'utiliser l'article 74-1 ou d'activer des accords internationaux (Convention de La Haye). Il conviendrait donc d'élaborer un support pédagogique sous forme de fiches pratiques sur les thèmes de la fugue, de l'enlèvement ou de la disparition. Ces fiches contiendraient les numéros verts permanents ainsi que les coordonnées des ministères et associations traitant ces phénomènes. Par ailleurs, des modules de formation, tant initiale que continue, à destination du public professionnel seraient à mettre en place.

▶ PARAGRAPHE 4 : (5, 6, 1, 3, 2, 4, 7)

La loi du 9 décembre 1905 a affirmé la séparation de l'Église et de l'État. La question laïque ne se pose plus aujourd'hui dans les mêmes termes. En un siècle, la société française est devenue, sous l'effet de l'immigration, diverse sur le plan spirituel et religieux. L'enjeu est aujourd'hui de ménager leur place à de nouvelles religions tout en réussissant l'intégration et en luttant contre les instrumentalisations politico-religieuses. Il s'agit de concilier l'unité nationale et le respect de la diversité. La laïcité, parce qu'elle permet d'assurer une vie commune, prend une nouvelle actualité. Le vivre ensemble est désormais au premier plan.

▶ PARAGRAPHE 5 : (3, 1, 2, 6, 8, 4, 7, 5)

Il est très difficile au transport combiné rail + route, d'offrir les mêmes garanties de ponctualité, de régularité, donc de qualité que son rival routier, en raison des transbordements et de la plus grande rigidité du mode ferroviaire. C'est pourquoi le combiné est souvent utilisé comme transport d'appoint : il permet de pallier l'insuffisante capacité de l'offre de transport routier lorsque l'économie croît très vite. En revanche les chargeurs (entreprises) rechignent à lui transférer le gros de leurs marchandises en régime permanent. Pour qu'ils acceptent de le faire, il est surtout nécessaire que le maillon ferroviaire de la chaîne de transport soit aussi efficace que possible. Tant le gestionnaire de l'infrastructure (réseau, gares) que le transporteur peuvent y contribuer. Le premier doit pouvoir fournir des sillons (trajets) de bonne qualité, sans donner systématiquement la priorité aux passagers. Sans cela, la vitesse des marchandises reste médiocre. Le second doit garantir une excellente fiabilité, mais l'absence de concurrence laisse les entrepreneurs sceptiques.

▶ PARAGRAPHE 6 : (7, 4, 1, 5, 2, 6, 3)

Les affaires jugées par le tribunal de grande instance (TGI) ont des durées très variables. La durée des affaires devant le TGI est très dispersée : une affaire au fond sur deux se termine en moins de 6,2 mois et une sur quatre en moins de 2,7 mois. À l'opposé, le quart d'affaires les plus longues se termine en plus d'une année et près de 8 % durent plus de deux ans. La durée moyenne de traitement des affaires civiles au fond est donc obérée par une petite proportion d'affaires particulièrement longues au contentieux très complexe. Ainsi, les divorces pour faute ou encore les affaires de droit des contrats représentent chacun près de 30 % des affaires de plus de deux ans et seulement 10 % de l'ensemble des affaires au fond. Le contentieux de la responsabilité entre pour près de 11 % dans les affaires les plus longues alors qu'il représente à peine plus de 3 % des affaires au fond. Ce constat indique, en somme, que la nature des contentieux n'est pas étrangère à la durée de traitement.

▶ PARAGRAPHE 7 : (5, 3, 6, 2, 1, 4)

L'« automobilité » a bénéficié d'une affectation prioritaire des investissements publics. De la sorte, la rue et l'espace public ont été conçus pour favoriser les flux automobiles. La pertinence de ces aménagements de voirie a été longtemps évaluée sous l'angle des services rendus à l'automobiliste. De 1985 à 2000, le trafic automobile a progressé de 44 %, soit une progression deux fois supérieure à celle des transports de voyageurs. Cependant, le secteur des transports est le premier émetteur de gaz à effet de serre en France. Fort heureusement, on a pris progressivement conscience de l'importance des nuisances provoquées par l'automobile et de la nécessité de trouver des solutions pour diminuer la pollution atmosphérique et l'engorgement des villes, dans notre pays comme dans beaucoup d'autres nations.

CORRECTION DE L'EXERCICE 5
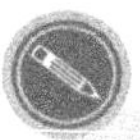

▶ LETTRE A : LETTRE DE RÉCLAMATION

Passé	DÉPORAMA de TRIFOUILLIS-LES-OIES commande le 10 mai 5 taille-haies 136 et 3 tondeuses JCV5 de la marque COUPTOU chez le fabricant à PERPETTE-LES-OLIVETTES
Présent	Livraison incomplète signalée sur bon de livraison Livraison prévue le 20 mai au plus tard Marchandise en mauvais état signalée sur bon de livraison Retard de livraison SAV injoignable par téléphone
Avenir	Demande remboursement

DÉPORAMA
Rayon jardinage
TRIFOUILLIS-LES-OIES

COUPTOU
RUE MACHIN
PERPETTE-LES-OLIVETTES

Objet : Demande remboursement
Réf. : Commande n° xxx

Trifouillis-les-Oies,
le 7 juin 2019

Madame ou Monsieur,

Le 10 mai 2019, nous vous avons commandé :
° 5 taille-haies 136
° 3 tondeuses JCV5

Ces articles devaient nous être livrés le 20 mai 2019 au plus tard.

Après plusieurs appels à votre service après-vente qui s'est révélé injoignable, le 6 juin 2019, nous avons reçu des colis éventrés correspondant à 1 tondeuse et 2 taille-haies portant des marques de choc.

Nous avons signalé cette avarie sur le bon de livraison et tenté à nouveau, sans plus de succès, à joindre votre service après-vente.

Ce dysfonctionnement étant suffisamment grave, je vous demande de bien vouloir vous charger de reprendre votre marchandise endommagée et de nous rembourser intégralement, frais de port inclus. Dans cette attente, recevez, Madame ou Monsieur, l'expression de nos salutations distinguées.

Jérémie Delangré
Responsable jardinage

▶ LETTRE B : LETTRE DE RÉPONSE À RÉCLAMATION

Passé	DÉPORAMA de TRIFOUILLIS-LES-OIES commande le 10 mai 5 taille-haies 136 et 3 tondeuses JCV5 de la marque COUPTOU chez le fabricant à PERPETTE-LES-OLIVETTES Livraison incomplète signalée sur bon de livraison Livraison prévue le 20 mai au plus tard Marchandise en mauvais état signalée sur bon de livraison Retard de livraison SAV injoignable par téléphone
Présent	Reconnaître rapidement Présenter ses excuses
Avenir	Dire qu'on procède au remboursement et à l'enlèvement Aller au-delà de la demande en proposant de re-livrer avec une remise de 10 %

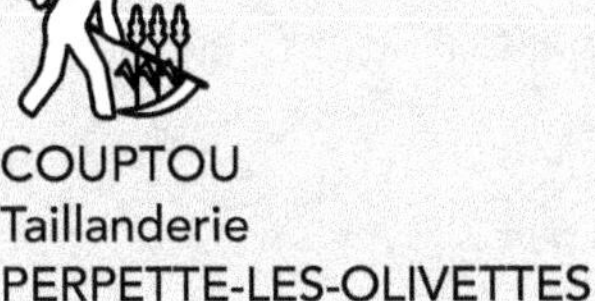

COUPTOU
Taillanderie
PERPETTE-LES-OLIVETTES

DÉPORAMA
À l'attention de M. Delangré
Responsable jardinage
RUE CHOSE
TRIFOUILLIS-LES-OIES

Objet : Réponse à votre réclamation du 7 juin 2019

Réf. : Commande n° xxx

Perpette-les-Olivettes,
le 10 juin 2019

Monsieur,

Je vous remercie de me faire connaître les dysfonctionnements qui se sont produits lors de la livraison des articles de votre commande n° XXX et je vous prie sincèrement d'excuser ce manquement.

Je mets immédiatement en place un remboursement intégral des articles et frais de port sur votre compte n° XXXXX.

Je dépêche également un transporteur pour enlever gracieusement les articles défectueux.

Je voudrais faire plus pour vous dédommager et, si vous le souhaitez, sur simple demande de votre part, votre commande pourrait être reconduite* avec une remise de 10 %.

En vous renouvelant nos excuses, je vous prie d'agréer, Monsieur, l'expression de notre considération distinguée.

Morgane Lafait
Responsable des ventes

▶ LETTRE C : LETTRE DE MOTIVATION

Passé	Diplômé de l'ESSEC Business School de Cergy-Pontoise, promotion 2014 Titulaire d'un MMD A participé au Digital Study Trip Nombreuses initiatives réussies chez TP Lyon, Chénou, Trifouillis Mère d'origine chinoise née à Mélaka (Malaisie) Anglais et mandarin courants
Présent	Postule emploi responsable marketing entreprise de micro-ingénierie Autonomy à Singapour lue ce jour sur Linkeding-job Pays performant Retrouver ses racines
Avenir	Voyage Singapour déjà prévu souhaite rencontre

Marc Defringue
(adresse)

> Autonomy
> À l'attention du
> Directeur des ressources humaines
> XXX
> SINGAPOUR

Objet : Candidature au poste de responsable marketing
Réf. : Votre annonce n° yy parue sur

> Lyon,
> le 3 septembre 2019

Madame ou Monsieur,

Votre annonce parue le 2 septembre 2019 dans Linkeding-job décrit un profil d'emploi qui me correspond parfaitement.

En effet, et comme vous pouvez le constater dans mon CV ci-joint, j'ai obtenu en 2014 un MDD à l'ESSEC Business School de Cergy-Pontoise. Au cours de mes études, j'ai participé à tous les stages pratiques possibles ainsi qu'au Digital Study Trip.

J'ai tiré un énorme bénéfice de ces immersions internationales très dissemblables. Cela m'a, par exemple, permis d'améliorer l'organisation de mes postes que ce soit chez TP à Lyon ou actuellement à la Chénou de Trifouillis. J'y ai non seulement atteint les objectifs qui m'étaient attribués, mais je les ai dépassés.

J'ai, par exemple renouvelé… et j'ai organisé… puis… j'ai défini et développé… tout en maintenant une forte cohésion dans mes équipes.

De ce fait j'ai obtenu… et…

Accomplir une partie de ma carrière à Singapour est un projet très ancien en rapport d'une part avec la réputation du pays dans le domaine des affaires et, d'autre part avec l'attrait que représente pour moi l'Asie du Sud-Est en raison des origines de ma famille maternelle. Ma mère est née à Mélaka et m'a initié très tôt au mandarin et au malais. J'ai parallèlement eu la chance de bénéficier de cours de mandarin pendant ma scolarité.

J'ai d'ailleurs prévu de passer le mois prochain à Singapour et j'espère avoir à cette occasion la chance de vous rencontrer.

En vous remerciant pour l'attention que vous avez prêtée à ma candidature, je vous prie d'agréer, Madame ou Monsieur, l'expression de mes cordiales salutations.

Marc Defringue

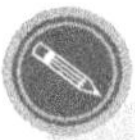 CORRECTION DE L'EXERCICE 6

▶ TEXTE A : «FORMATION PROFESSIONNELLE : LA VRAIE RÉFORME RESTE À FAIRE »

(222 mots)

Dans son article intitulé « Formation professionnelle : la vraie réforme reste à faire », publié dans *RH Info* du 6 juillet 2018, Michel Fourmy regrette que la réforme de la formation professionnelle continue (FPC) ne résolve pas le problème de l'employabilité de tous les actifs.

Selon lui, l'organisation de la FPC est en cause si 3,5 millions de personnes ne trouvent pas d'emploi alors que 400 000 emplois sont vacants, faute de candidatures adaptées. Il suggère que les causes en sont l'éloignement du terrain des organismes gestionnaires de la FPC et une mauvaise compréhension de la finalité de la FPC.

Il propose d'explorer six pistes pour compléter la réforme :

- gestion au plus près du terrain par la région qui est la mieux placée pour connaître les emplois locaux et les besoins de compétences ;
- financement par les entreprises elles-mêmes des formations qu'elles souhaitent au bénéfice des personnes qu'elles souhaitent ;
- apport de preuves par ces mêmes entreprises qu'elles ne congédient des salariés qu'après avoir tenté toutes les formations possibles pour les maintenir dans l'emploi ;
- remettre l'initiative des formations entre les mains des intéressés eux-mêmes ;
- augmenter les offres de formations en alternance assorties d'un accès plus facile et d'une rémunération plus juste ;
- que les détenteurs d'un CPF puissent y verser selon leur gré des sommes déductibles du revenu imposable.

▶ TEXTE B : « LE VOTE AUJOURD'HUI »

(248 mots)

Dans son article intitulé « Le vote aujourd'hui » paru dans le n° 148 du magazine *Sciences humaines*, Sylvain Allemand conclut que le vote est la moins mauvaise façon de choisir démocratiquement un représentant et que les abstentions sont l'expression d'une mauvaise intégration, du manque d'intérêt pour certaines consultations ou de la mobilité des populations.

Dans un premier temps, l'auteur rappelle que le vote existe depuis très longtemps et a revêtu différentes formes quant à la nature des électeurs, aux conditions de candidature et au mode de scrutin. Il retient de l'histoire que les électeurs n'ont longtemps été qu'une élite choisie selon des critères de classe sociale ou d'aptitude, et que voter recouvre des modes de scrutin différents. Il reconnaît donc les faiblesses du vote en s'appuyant sur de célèbres théories de mathématiciens, économistes et politologues et relativise en déclarant qu'il exprime l'opinion majoritaire d'un moment donné.

Dans un second temps, Sylvain Allemand s'interroge sur les motivations du choix des électeurs. Selon ses sources, que ce soit pour une tradition familiale ou régionale, une fidélité à un parti, un intérêt personnel ou collectif, il convient que ces motivations se complètent pour contribuer à un choix majoritaire. Enfin, il s'intéresse au nombre croissant d'abstentionnistes, en moyenne des citadins non diplômés âgés de moins de 40 ans ou de plus de 70 ans. Les études sur lesquelles il s'appuie les répartissent entre constants, qui connaissent mal les institutions ou n'y attachent aucun intérêt, et intermittents, qui votent selon les candidats en lice, leurs autres obligations ou le type d'élection.

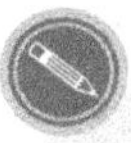 ## CORRECTION DE L'EXERCICE 7

1. Je m'approprie le sujet. Autrement dit, je transforme la requête en quelque chose qui me met en scène. En l'occurrence :

« Mon supérieur hiérarchique, le DRH du ministère où je travaille, souhaite un récapitulatif de ce qu'il a à sa disposition pour prévenir la discrimination à l'embauche. »

2. Je traduis en actions concrètes les mots de la requête :

Je relèverai les informations qui servent son action à lui précisément. Il a pour mission (entre autres) de superviser l'embauche, c'est-à-dire de veiller à ce qu'elle soit conforme aux directives, en l'occurrence qu'elle réduise les possibilités de discrimination :

• Il constitue les jurys.

- Il ouvre des postes.
- Il met des actions en place en fonction des moyens existants.
- Il n'est pas candidat, ni demandeur de quoi que ce soit.
- Il n'est pas juré.
- Il n'est pas directeur d'école, il n'est pas formateur, il n'est pas tuteur.

3. Je formule mon travail dans une question qui sera l'objectif de ma recherche :

«Que doit faire un DRH, sur quels moyens à sa disposition peut-il agir pour lutter contre la discrimination à l'embauche dans le ministère qui l'emploie ?»

4. J'analyse l'intitulé, la date, la provenance des documents à ma disposition :

- J'ai trois circulaires dont deux ministérielles, une plus récente que les deux autres (pièce n° 3). La plus récente (2017) parle d'une allocation, celle de 2010 parle de classes préparatoires intégrées (CPI). La dernière (pièce n° 8) remonte à 2005 et émane conjointement de la Direction générale de l'administration de la fonction publique (DGAFP) et de la Délégation générale à l'emploi et de la formation professionnelle (DGEFP)[1]. Ces organismes sont censés donner des détails pratiques. En l'occurrence il s'agit du contrat en alternance PACTE.
- Le document n° 2 (de 2015) semble être le compte rendu d'une réunion de ministres, en plein dans notre sujet. C'est un document qui me fournira des axes importants pour mon travail.
- Les pièces 5 et 7 parlent du label diversité. Si je ne le sais pas, il me faudra voir ce que c'est. Mais si je m'informe régulièrement, je sais qu'il s'agit d'une certification qualité attestant de la mise en place de procédures destinées à éliminer la discrimination à l'embauche. Je sais aussi que tous les ministères ont entrepris cette démarche depuis 2008

---

1. Chacun est censé connaître l'organigramme de l'organisation pour laquelle il travaille.

sur ordre du président Sarkozy. Le savoir va m'empêcher de dire à mon DRH de faire des choses qu'il a déjà faites. Je peux, naturellement, rappeler que la démarche qu'il veut impulser entre dans ce cadre.

- Les pièces 4 et 6 ne font qu'une page ; je verrai en un seul coup d'œil si elles m'apprennent beaucoup de choses utiles ou pas. Elles parlent de jeunesse et d'apprentissage.

Je déduis de cet examen que :

- dans le cadre de l'obtention et de la conservation du label diversité, la fonction publique ouvre son recrutement par les voies de l'apprentissage, de l'alternance, d'aide à la préparation ;
- je vais trouver les informations les plus importantes dans la pièce 2.

5. Je feuillette (fiche n° 9) le dossier en commençant par la pièce 2. J'applique tous les éléments de la méthode décrite dans la partie 1 de ce livre :

- J'ai un objectif de lecture (point 3 de ce corrigé).
- Je feuillette le dossier en déduisant du sens à partir des titres, des sous-titres, des intertitres, des fins et débuts de paragraphes.
- Je cherche des repères (mots outils) dans le texte ; je déduis le sens général à partir des mots clés que je rencontre et leur disposition par rapport aux repères.
- En même temps je prends des notes arborescentes.

6. Je déduis mon plan de mes notes.

7. Je rédige mes paragraphes (une idée par paragraphe).

8. Je donne un titre plein à chaque partie.

9. Je rédige mon introduction en me servant des titres de parties pour annoncer le plan.

10. Je présente mon travail selon la charte graphique de l'organisation qui m'emploie.

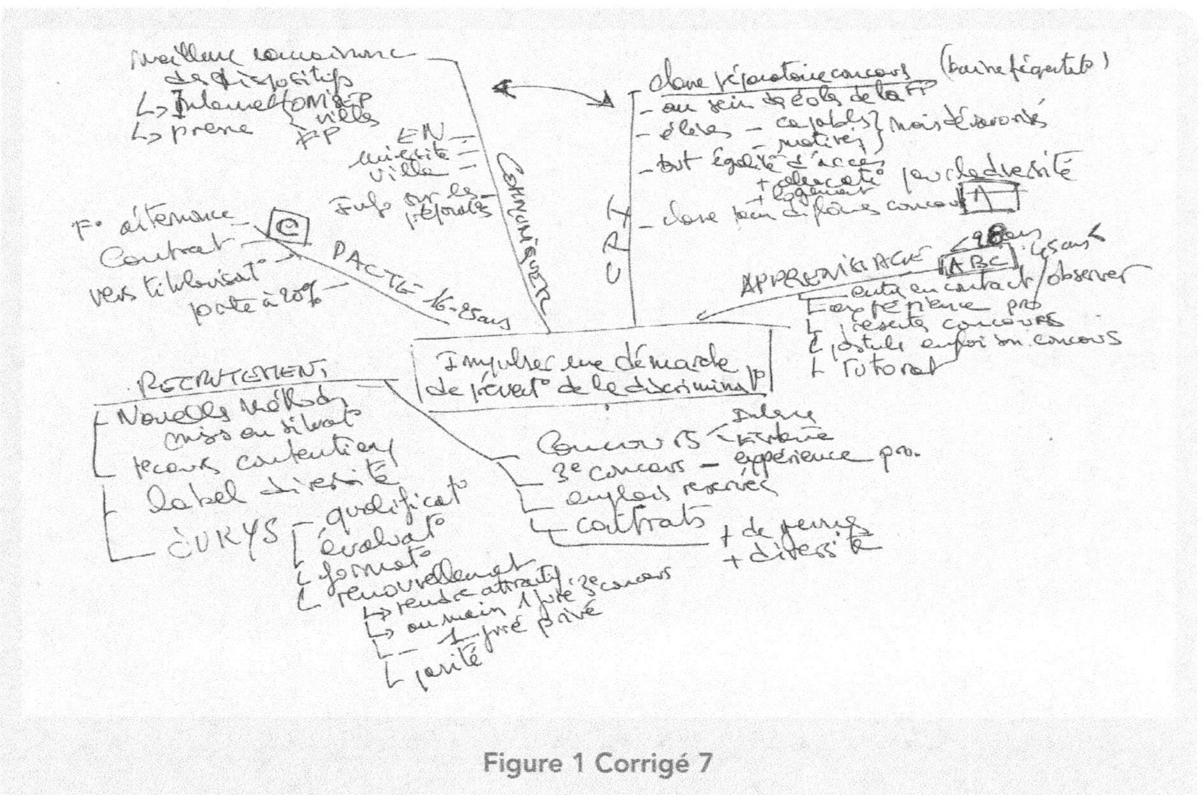

Figure 1 Corrigé 7

Note

au

Directeur des ressources humaines

Objet : moyens disponibles pour une prévention de la discrimination à l'embauche

La discrimination à l'embauche est une préoccupation majeure du Gouvernement. En effet, au fil du temps, des préjugés de recrutement se sont installés et certains profils qui seraient pourtant très compétents dans les emplois proposés sont écartés. Des critères comme l'état de santé, l'origine, l'âge, la situation familiale ou l'orientation sexuelle ne devraient pas être pénalisants quand la compétence est là. En l'occurrence, la fonction publique se doit d'être exemplaire et conforme aux exigences du label diversité.

C'est pourquoi la direction des ressources humaines de chaque administration centrale doit œuvrer pour, d'une part, faire découvrir les emplois de la fonction publique et les moyens d'y accéder et, d'autre part, casser la routine de recrutements.

1. Faire découvrir les emplois de la fonction publique et les moyens d'y accéder

Premier obstacle discriminant, le manque d'informations précises sur les emplois de la fonction publique et sur les moyens d'y accéder doit être corrigé, notamment en nouant des partenariats avec les établissements scolaires et universitaires et les villes.

1.1. Prévoir des offres de stage et d'apprentissage

Peu de collégiens savent, en effet, qu'ils peuvent effectuer leur stage d'observation de classe de 3ᵉ dans une administration, notamment quand ils sont boursiers ou scolarisés en zone d'éducation prioritaire (ZEP). Il appartient au DRH de chaque administration centrale, en partenariat avec l'Éducation nationale, de diffuser des offres de stages sur un média familier aux élèves, comme l'Internet, et de leur fournir un moyen simple de poser leur candidature. Les étudiants de l'enseignement supérieur préparant un concours de la fonction publique doivent également pouvoir tester sur le terrain, en réalisant des stages, l'éventail de métiers auxquels ils peuvent prétendre.

Un autre moyen de faire connaître les valeurs du service public ainsi que les métiers et les modes de recrutement qui s'exercent est d'accueillir des jeunes en contrat d'apprentissage. C'est une occasion pour eux de bénéficier de l'expérience d'un tuteur capable de les accompagner et de leur fournir des réponses à leurs interrogations.

1.2. Affiner les informations sur la préparation des concours

Par ailleurs, si les éventuels candidats aux concours de la fonction publique connaissent l'existence de ces concours, ils ne savent pas toujours comment s'y préparer au mieux en fonction de l'administration choisie et du métier postulé. Informer sur les formations préparatoires spécifiques est, pour le DRH, un moyen d'attirer des candidats toujours plus adaptés au poste mis au concours. Sans compter que la nature des épreuves peut également évoluer vers des mises en situation, pour observer plus précisément les compétences et qualités requises pour le poste. Les informations fournies par le portail de la fonction publique seront complétées en ce sens.

2. Casser la routine de recrutement

Les recruteurs baignent dans des traditions et des habitudes qui peuvent leur faire éliminer des profils qui ne leur semblent pas conformes alors que les candidats auraient très bien pu, avec compétence, tenir l'emploi postulé.

2.1. Diversifier la composition des jurys

Pour éviter un fonctionnement routinier des jurys, les DRH sont invités, en premier lieu, à appliquer la parité des sexes lors de leur constitution. En second lieu, il est souhaitable que les membres des jurys soient fréquemment renouvelés et leurs profils plus variés. Pour ce faire, il convient de valoriser la participation aux jurys, et d'y introduire au moins un agent issu du recrutement externe (3e concours) et un professionnel du secteur privé.

Par ailleurs, la formation des jurés sera complétée par un module sur la prévention des discriminations, comme l'exige le label diversité. Une voie de recours pour discrimination est désormais ouverte aux candidats convaincus d'en être victimes.

2.2. Ouvrir le recrutement à de nouveaux profils

Les écoles de service public au sein de chaque ministère se dotent de classes préparatoires intégrées (CPI) ouvertes aux étudiants ou à des demandeurs d'emploi compétents et motivés, mais socialement et financièrement défavorisés. Un soutien pédagogique renforcé leur est apporté, ainsi qu'un appui financier et la compétence d'un tuteur.

Par ailleurs, un contrat de préparation en alternance de concours administratifs des catégories A et B est proposé aux demandeurs d'emploi de moins de 28 ans ou aux demandeurs d'emploi longue durée de plus de 45 ans. Ceux-ci doivent néanmoins présenter les conditions requises pour se présenter au concours.

De plus, le recrutement externe (3e concours) est désormais ouvert dans toutes les catégories aux candidats dotés d'une première expérience professionnelle dans le secteur privé.

Enfin, le nombre de postes de catégorie C ouverts au recrutement de jeunes de 16 à 25 ans par le parcours d'accès à la fonction publique territoriale, hospitalière et d'État (PACTE) augmente. Ces contrats en alternance en vue de titularisation par concours ou contrat, destinés à une population en difficulté, introduisent la diversité dans la fonction publique.

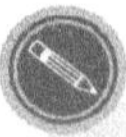

CORRECTION DE L'EXERCICE 8

	Titre vide	Titre plein
§ n° 1	Nouvelles menaces	Se réorganiser pour lutter contre les nouvelles menaces
§ n° 2	Accueil du public	En finir avec la mauvaise qualité de l'accueil du public en France
§ n° 3	Enfants disparus	Optimiser la recherche d'enfants disparus
§ n° 4	Cadre actuel de la laïcité	La laïcité doit désormais compter avec plusieurs religions
§ n° 5	Transport des marchandises	Le transport routier est le plus efficace
§ n° 6	Traitement des affaires au TGI	Un minimum d'affaires ralentit le travail du TGI
§ n° 7	Pollution automobile	Enfin une prise de conscience de la pollution automobile

CORRECTION DE L'EXERCICE 9

1. Nous allons nous réunir ~~ensemble~~ pour étudier les conséquences ~~qui découlent~~ de l'incendie.

2. Certains ne sont pas respectueux de l'environnement social ~~qui les entoure~~.

3. Pour élaborer les procédures, nous devons identifier les particularités ~~spécifiques~~ de chaque service.

4. Je vous demande de prévoir ~~à l'avance~~ les risques ~~potentiels~~ de rupture de stock.

5. La France devra compter sur les financements étrangers ~~des autres pays~~.

6. L'éloignement n'est qu'un prétexte ~~justifiant~~ à la réticence au tri ~~sélectif~~ des déchets.

7. ~~Encore une fois~~ nos ventes ont atteint un chiffre sans précédent.

8. Il faudra avoir ~~complètement~~ achevé.

9. Désormais chacun devra s'autogérer ~~soi-même~~ pour atteindre la perfection ~~absolue~~.

10. Il faut optimiser ~~au maximum nos~~ les produits français pour limiter les importations ~~de l'étranger~~.

11. Cet appareil n'est pas fiable ; il y a eu des précédents de dysfonctionnements ~~par le passé~~.

12. La réunion est reportée ~~à une date ultérieure~~.

13. La prochaine fois, il faudra réserver ~~à l'avance~~, voire ~~même~~ s'abonner.

14. Vous ne savez pas coopérer ~~ensemble~~, comme ~~par exemple~~ lors de l'échec du projet X.

15. Je préfère plutôt tenter d'obtenir le monopole ~~exclusif~~ des ventes.

16. Jacques Haddi est élu à l'unanimité ~~totale~~.

17. Il y a un risque ~~de danger~~ ~~potentiel~~ à bâtir sur un terrain inondable.

18. Cette crise nous a surpris ~~à l'improviste~~ en pleine ascension de nos ventes.

19. Ce marché est une vraie opportunité ~~à saisir~~.

20. Ce changement a provoqué un tollé général ~~de protestations~~.

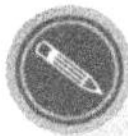# CORRECTION DE L'EXERCICE 10

▶ SÉRIE A

1. J'ai **recouru** à la justice.

2. Ce projet m'**intéresse**.

3. L'escroc a été **arrêté**.

4. Je vous **aviserai** de ma décision.

5. Mon chef m'a **refusé** le stage de communication.

6. J'**arrêterai** la date de la prochaine réunion.

7. Ce produit **sera distribué** à partir de mai.

8. J'**accède** à votre demande.

▶ SÉRIE B

1. Derrière l'enceinte **s'élève** le bâtiment principal.

2. L'essor des techniques de construction **joue** un rôle stimulant.

3. Le débat d'idée **caractérise** le régime parlementaire.

4. Sur la mer **vogue** un trois-mâts.

5. Ce texte **exprime** de la révolte.

6. Les analyses **révèlent** du prion pathologique dans l'encéphale.

7. Ce texte **contient** tous les éléments de réponse.

8. Les deux chercheurs **affichent** des opinions antagonistes.

9. Un nouveau règlement **régit** les travaux pénibles.

▶ SÉRIE C

1. Comment expliquer autrement que l'**allocation** de 850 000 € n'ait pas suffi ?

2. C'est surtout l'**abandon** dans lequel se trouve ce pays qui est grave.

3. Cela repose sur son **utilisation** en tant que dépotoir industriel.

4. Cela vient de son **insignifiance** en matière économique.

5. Sa **discrétion** actuelle sur la scène internationale doit lui être reprochée.

6. La divergence des modèles provient de la **méconnaissance** des complexités.

7. L'apprentissage d'une langue est favorisé par l'**immersion** dans la culture du pays.

8. Les historiens s'accordent sur la **multiplicité** des facteurs à l'origine de ce mode de pensée.

▶ SÉRIE D

1. ~~La remarque a été faite que~~ son expérience nous servira.

2. ~~Il faut tout~~ d'abord (En premier lieu,) ~~considérer que~~ la situation progresse.

3. Cette activité rapporte peu.

4. ~~On doit reconnaître que~~ la coopération inter-régionale favorise l'union européenne.

5. ~~On a coutume de dire que~~ chacun est responsable de ses actes.

6. ~~Le bon sens estime que~~ l'économie de marché engendre des inégalités.

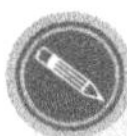

CORRECTION DE L'EXERCICE 11

1. Votre femme a téléphoné juste après que vous **êtes sorti**.

2. Après que les badauds se **furent éloignés**, la querelle reprit de plus belle.

3. Je l'ai vu un peu après qu'il **a pris** ses fonctions à la Société Chénou.

4. Votre règlement nous est parvenu cinq mois après que ces marchandises vous **ont été livrées**.

5. Vous m'en parlerez après que M. Meube vous **aura transmis** le dossier.

6. Nous reprendrons cette conversation après que vous **aurez visité** nos locaux.

7. Le personnel rejoindra son poste de travail après que l'exercice d'alerte **sera terminé**.

8. Il est difficile de renoncer au plaisir de la lecture après qu'on y **a goûté**.

9. Chaque jour, après que j'**ai pris** mon café, ma secrétaire m'apporte le courrier.

10. J'ai informé M. Muske de ce changement aussitôt que j'en **ai été** moi-même **prévenu**.

11. On me fait monter les journaux aussitôt qu'ils **sont arrivés**.

12. Renvoyez-moi ce document sitôt que vous le **pouvez**.

13. Sitôt que le chef **fut sorti**, Lilou éclata de rire.

14. Une fois que vous **aurez terminé** ces comptes, je vous confierai une autre mission.

15. Vous me ferez signe sitôt que vous **serez** libre.

 # CORRECTION DE L'EXERCICE 12

▶ AVEC L'AUXILIAIRE *ÊTRE*

A. « s » n'est ni COD ni COI → accord sujet

2. Cette maladie s'est manifestée par de violents maux de tête.

4. Elle s'était saisie de son manteau.

8. Ils se sont plaints de la nouvelle décoration.

13. Les enquêteurs se sont aperçus de leur erreur.

17. Les nouvelles réglementations se sont attaquées au problème de l'absentéisme.

B. « s » est COD → accord COD placé avant (si pas COD = pas accord)

3. Elle s'est complu à faire du mal.

5. Elles se sont prélassées sur des fauteuils moelleux.

6. Ils se sont absentés de leur poste.

7. Ils se sont battus.

14. Les entreprises se sont efforcées de produire davantage.

15. Les manifestants s'étaient insurgés contre les mauvaises conditions de travail.

16. Les nouvelles collections se sont enrichies cette année.

18. Les ouvriers <u>se sont extasiés</u> devant la nouvelle machine.

19. Les pommes <u>se sont bien vendues</u> cette année.

20. Les vieux meubles <u>se sont rassemblés</u> à la réserve.

22. Une nouvelle maison <u>s'est construite</u> à la sortie du village.

C. «s» est COI → accord COD si placé avant (si pas COD = pas accord)

1. Ces deux collègues <u>se sont menti</u> toute leur vie et elles <u>s'en sont voulu</u>.

9. Ils <u>se sont plu</u> à travailler ensemble.

10. Ils <u>se sont souri</u> en se reconnaissant.

11. L'ère tertiaire et l'ère quaternaire <u>se sont succédé</u>.

12. La maison qu'il <u>s'était construite</u>.

21. M. Martin et M. Legrand <u>se sont succédé</u> à la direction de l'entreprise.

▶ AVEC L'AUXILIAIRE *AVOIR*

A. Le participe passé d'un verbe impersonnel est toujours invariable

1. Avez-vous vu les énormes grêlons qu'il est tombé ?

8. Ils sont échaudés par tous les accidents qu'il y a eu.

17. Le chantier a été fermé les deux jours qu'il a neigé l'hiver dernier.

30. Rappelez-vous les choses singulières qu'il est arrivé l'an passé.

B. Le participe passé dont le COD est «en» reste invariable

6. Ils ont eu besoin de consignes et ils en ont demandé.

10. J'ai sélectionné des nouveaux produits et j'en ai commandé.

C. Les participes valu, coûté, pesé, couru, vécu...

• complément de quantité → invariable

21. Les dix années qu'il a passé parmi nous. (combien ?)

24. Les millions que cette mission a coûté.

27. Les quatre-vingts kilos qu'il a pesé autrefois.

29. Pensez aux six heures qu'il a travaillé sur ce projet.

- COD → accord

3. Combien de frayeurs ce projet nous a coûtées. (quoi ?)

19. Les années qu'il a vécues parmi nous.

23. Les marchandises qu'il a pesées.

D. Vu, regardé, aperçu, entendu, écouté, senti, envoyé, amené, laissé, laissé à, donné à… suivis d'un infinitif

- si le COD fait l'action de l'infinitif → accord COD

2. C'est Odile que j'ai entendue entrer.

5. Il les a laissés partir. (Mais : Il les a laissé gronder par leur mère.)

15. La pianiste que j'ai entendue jouer.

18. Les acteurs que j'ai vus jouer.

- si le COD subit l'action de l'infinitif → invariable

13. L'auto qu'on lui avait donné à réparer.

16. La sonate que j'ai entendu jouer.

20. Les conseils que vous auriez dû écouter.

22. Les films que j'ai vu jouer.

26. Les problèmes qu'il a eu à résoudre.

E. Dit, pensé, cru, fait, suivi d'un infinitif sont toujours invariables

14. La notice qu'il m'avait dit connaître.

25. Les pièces que j'ai fait commander.

28. Les soupçons qu'il a fait naître.

F. Pu, dû, voulu, espéré… sont invariables quand leur COD est un infinitif ou toute autre proposition sous-entendue ou représentée par «l'»

4. Il n'a pas effectué les tâches qu'il aurait dû.

7. Ils ont pris toutes les précautions qu'ils ont pu.

9. J'ai fait tous les efforts que j'ai pu.

11. Je n'ai pas obtenu les résultats que j'aurais voulu.

12. L'affaire fut plus rentable qu'on ne l'avait espéré.

LEXIQUE DE L'ÉCRIT PROFESSIONNEL

Abroger : retirer la force obligatoire à un acte législatif ou réglementaire. n. abrogation ; adj. abrogatif ; abrogatoire.

Académique : conventionnel, conformiste.

Acronyme : sigle prononcé comme un mot ordinaire. Ex. : ONU, Afat, Capès, sida…

Addenda : ensemble de notes additionnelles à la fin d'un ouvrage (des addenda).

Additif : supplément, article additionnel.

Administré : intéressé ; bénéficiaire ; allocataire ; subventionné ; attributaire ; assujetti ; contribuable ; redevable ; usager.

Agent de l'État : personne employée par les services publics, quel que soit son grade : fonctionnaire (des agents de l'État).

Allégation : citation qu'on fait d'un texte autorisé pour étayer une affirmation ; cette affirmation même.

Alternative : choix entre deux options dont l'une exclut l'autre.

Amendement : modification proposée à un texte soumis à une assemblée délibérante. v. amender.

Ampliation : 1. Action de compléter, de développer un acte ou une requête. 2. Double authentifié d'un document. adj. ampliatif.

Apurement : vérification de la régularisation d'un compte après laquelle l'opérateur est tenu quitte. v. apurer.

Arobase : sur Internet, signe typographique « @ » permettant de séparer, dans une adresse courriel, l'identifiant du fournisseur d'accès.

Assentiment : accord.

Assiette : base de calcul.

Assignation : attribution de quelque chose à quelqu'un. v. assigner.

Assujetti : dépendant d'un groupe ou soumis à une redevance. v. assujettir.

Attache : énoncé de la qualité du signataire précédant sa signature.

Avatar : 1. Transformation (les avatars d'une loi). 2. Sur Internet, petit personnage représentant un des interlocuteurs dans un forum.

Ayant cause : personne qui a acquis d'une autre, appelée l'auteur, un droit, une obligation (reversion de pension par exemple) (des ayants cause).

Ayant droit : personne ayant acquis d'une autre un droit (prise en charge d'assurance médicale par exemple) (des ayants droit).

Champ lexical d'un texte : ensemble de mots groupés autour d'une même notion. Exemple : fusil ; soldat ; coups de feu ; bombardier ; ruines ; assaut ; victimes… forment le champ lexical de la guerre.

Champ sémantique d'un mot : ensemble des acceptions (sens) d'un mot. Exemple : palmipède ; sucre trempé dans la liqueur ; fausse note ; fausse nouvelle ; mauvais journal ; journal forment le champ sémantique de « canard ».

Chronologique : du grec « *chronos* » = temps ; présentation telle qu'elle s'est déroulée dans le temps.

Collationner : comparer un texte à l'original pour en vérifier l'exactitude. n. collation, collationnement.

Colliger : recueillir, rassembler des textes. n. colligeur.

Compétence : 1. Capacité à accomplir une tâche. 2. Pouvoir dévolu à une autorité. n. compétent.

Conséquent : qui agit ou qui raisonne avec esprit de suite ; logique (c'est un homme conséquent). Ne doit pas être employé dans le sens « important ». ≠ inconséquent.

Courriel : message électronique/messagerie électronique.

Délit : infraction que les lois punissent de peines correctionnelles. adj. délictueux ; délictuel.

Dérogation : inobservation d'une loi, d'un principe. v. déroger ; adj. dérogatoire.

Digression : développement qui s'écarte du thème principal.

Dirimant : qui rend nul. f. dirimante.

Disposer : prescrire des règles ; la loi dispose.

Disposition : chacun des points que règle une loi, un jugement. v. disposer.

Duplicata : second exemplaire d'une pièce ayant même validité ; double (des duplicata). n. duplicateur ; duplication ; v. dupliquer.

Mél. : abréviation de « messagerie électronique ». Dans un texte, employer « courriel ».

Écriture inclusive : mode d'écriture qui consiste à faire apparaître les différentes possibilités d'accord. Exemple : Les député.e.s sont issu.e.s de tous milieux et de toutes professions : salarié.e.s du public ou du privé, chef.fe.s d'entreprise, commerçant.e.s ou artisan.e.s, professions libérales…

Émarger : signer en marge (un compte, un état). n. émargement.

Enfreindre : ne pas respecter un engagement, une loi (contrevenir, transgresser, violer). n. infraction.

En-tête : inscription imprimée ou gravée dans la partie supérieure d'une feuille de papier destinée à donner tous les renseignements utiles sur l'émetteur.

Errements : manière habituelle d'agir, habitudes ; « agissez selon les errements antérieurs ». n. f. erre (allure, train).

Exprès, expresse : clair, explicite, en termes formels (en termes exprès ; faire la demande expresse). adv. expressément.

Express : rapide (message express ; note express).

Griffe : timbre humide reproduisant une signature. La griffe est interdite dans les services publics.

Incidence : effet, conséquence, retombée.

Incident : petit événement sans importance. adv. incidemment ; adj. incident(e).

Laps : espace de temps.

Mémento : 1. Agenda. 2. Aide-mémoire (des mémentos).

Mémoire : 1. n.m. Écrit exposant le point de vue de son rédacteur (dans l'entreprise, à la différence d'un rapport, un mémoire n'est pas commandé, mais rédigé à l'initiative de son rédacteur). 2. n. m. pl. Relation écrite qu'une personne fait des événements auxquels elle a participé ou dont elle a été témoin (Il a publié ses *Mémoires* ; ceux-ci ont remporté un vif succès).

Mémorandum : 1. Note écrite adressée au gouvernement par un diplomate (des mémorandums). 2. Mémento (mémo).

Minute : 1. Original d'un acte authentique dont on ne saurait se dessaisir (≠ grosse). 2. Manuscrit d'une lettre, brouillon.

Modalités : ensemble des détails expliquant la manière dont quelque chose va être réalisé, appliqué (comment, ou, quand ?).

Naguère : il y a peu de temps, récemment (les dispositions de naguère).

Nomenclature : lexique, liste.

Ordonnance : 1. Agencement, organisation. v. ordonner. 2. Prescription émanant du pouvoir. 3. Ordre de paiement décerné par un ministre. n. ordonnateur ; ordonnancement ; v. ordonnancer.

Ordonnancement : 1. Acte administratif donnant ordre à un comptable public de régler une dépense. 2. Traitement des commandes.

Pallier : atténuer, compenser, occulter, résoudre en apparence, de manière provisoire (J'ai un Bescherelle dans le tiroir de mon bureau pour pallier les lacunes de ma formation). n. palliatif ; adj. palliatif, palliative.

Paraphe : signature abrégée (souvent réduite aux initiales). v. parapher ; n. parapheur.

Principe : 1. Cause, ce qui est à l'origine (qui, quoi et pourquoi ?). 2. Théorie. 3. Normes. 4. De principe : *a priori*. 5. En principe : théoriquement.

Prescrire : c'est une personne qui prescrit, pas un document. n. prescription ; prescripteur ; adj. prescriptible ; prescrit, prescrite.

Promulgation : décret attestant l'existence d'une nouvelle loi et ordonnant sa mise en application. v. promulguer.

Proroger : renvoyer à une date ultérieure. v. proroger ; adj. prorogatif.

Reconduction : renouvellement d'un contrat arrivé à terme. v. reconduire ; adj. reconductible.

Récursif : qui se répète.

Rédhibitoire : qui constitue un empêchement absolu. n. rédhibition : annulation pour cause d'empêchement absolu.

Résigner : abandonner son emploi, démissionner. n ; résignation ; résignataire.

Résilier : dissoudre un contrat. n. résiliation ; adj. résiliable.

Révoquer : 1. Destituer un fonctionnaire. 2. Annuler une décision. n. révocation ; révocabilité ; adj. révocable ; révocatoire.

Sigle : initiale ou suite d'initiales servant d'abréviation (ex. : HLM, RMI, SDF).

Signature : inscription qu'une personne fait de son nom (sous une forme particulière et constante) pour affirmer l'exactitude, la sincérité d'un écrit ou en assumer la responsabilité. v. signer ; n. signataire.

Soi-disant : qui se dit être tel (la soi-disant ; les soi-disant).

Sous couvert hiérarchique : sous la responsabilité, par l'intermédiaire du supérieur hiérarchique.

Souscription : ce qui est écrit au-dessous d'un texte : attache + signature.

Souscrire : signer pour approuver.

Stipulation : clause énoncée dans un contrat. v. stipuler.

Surseoir : remettre pour un temps ; différer. n. sursis ; sursitaire.

Superfétation : addition sans utilité, redondance.

Superfétatoire : qui s'ajoute inutilement.

Suscription : ce qui est écrit au-dessus d'un texte : attache + adresse du destinataire d'un document.

Tampon (encreur) : coussinet imprégné d'encre servant à encrer un timbre humide. v. tamponner.

Temps réel : (*real time*) intervalle de temps compatible avec le rythme réel d'arrivée des données et à l'intérieur duquel un ordinateur peut effectuer les traitements nécessaires.

Terme générique ou hyperonyme : mot qui désigne un genre entier. Exemple : « laitage » est un terme générique pour « lait, beurre, yaourt, crème fraîche, fromage… ; « siège » pour chaise, banc, tabouret, fauteuil…

Terme spécifique ou hyponyme : mot qui désigne un objet immédiat de la connaissance sensible. Exemple : tasse à café ; stylo-feutre ; tomette ; chèque bancaire…

Timbre : dans l'administration, marque imprimée ou gravée dans la partie supérieure d'une feuille de papier et destinée à indiquer l'origine du document.

Timbre humide : marque apposée, sur un document ou un objet pour en garantir l'origine, à l'aide d'une empreinte en caoutchouc et d'un tampon encreur. v. timbrer.

Topographique : du grec « *topos* » = lieu, espace, présentation lieu par lieu.

Visa : formule ou sceau accompagné d'une signature qu'on appose sur un acte pour le rendre régulier ou valable. v. viser.

BIBLIOGRAPHIE

Académie française, *Dictionnaire,* tomes 1, 2, 3.

Académie française, *Dire, ne pas dire, Du bon usage de la langue française,* tomes 1, 2, 3.

BERTHIER & COLIGNON, *Le Français écorché,* Belin, 1987.

BESCHERELLE, *La Conjugaison pour tous,* Hatier, 2018.

BLANCHARD Sylvie, KORACH Dominique, *et al., Vocabulaire,* Robert & Nathan, 2001.

BLONDEL Jacques, *Correspondance militaire et relations publiques,* Lavauzelle, 1990.

BUZAN Tony, *Mind Map : Dessine-moi l'intelligence,* Eyrolles, 2012.

CALLET Stéphanie, *Répertoire orthographique du français,* PUG, 2015.

CELLARD Jacques, *Le subjonctif,* Duculot, 1996.

CLERC Frédérique, *150 règles d'orthographe et 280 difficultés de la langue française,* Autoédition, 2018.

COLIGNON Jean-Pierre, *Un point, c'est tout ! La ponctuation efficace,* Edisens, 2001.

COLLECTIF, *Vocabulaire français,* Anoora, 2000.

COLLECTIF, *Dictionnaire d'orthographe et de difficultés du français,* Le Robert, 2015.

DESALMAND Paul, *Tester et enrichir son vocabulaire,* Marabout, 1996.

DOPPAGNE Albert, *La bonne ponctuation*, Duculot, 1991.

DOPPAGNE Albert, *Majuscules, abréviations, symboles et sigles*, De Boeck, 1991.

DOUX-POUGET Coralie, *Vocabulaire et expression*, Bordas, 2010.

DRILLON Jacques, *Traité de la ponctuation française*, Gallimard, 1991.

ENGLEBERT Annick, *Accorder le participe passé. Les règles illustrées par l'exemple*, Duculot, 2015.

FAYET Michèle, *Réussir les comptes rendus*, Eyrolles, 1994.

FAYET Michelle et NISHIMATA Aline, *Savoir rédiger le courrier d'entreprise*, Eyrolles, 2019.

FOURNIER Jean-Louis, *Grammaire française et impertinente*, Payot, 1993.

GANDOUIN Jacques, *Correspondance et rédaction administratives*, Armand Colin, 1988.

GIRODET Jean, *Dictionnaire poche des pièges et difficultés de la langue française*, Bordas, 2008.

GREVISSE Maurice, *Savoir accorder le participe passé*, Duculot, 1994.

GREVISSE Maurice et GOOSSE André, *Le Bon usage*, Duculot, 2016.

GREVISSE Maurice et LENOBLE-PINSON Michèle, *Le français correct*, Duculot, 2015.

GREVISSE Maurice et LITS Marc, *Le Petit Grevisse : Grammaire française*, Duculot, 2015.

HOCHULI Jost et GUÉGAN Victor, *Le Détail en typographie*, B42, 2015.

KARLSON Léon, *Parlez-vous correctement français ?* L'Archipel, 2009.

KOKLEBER Jean, *Les Techniques du style*, Armand Colin, 1993.

LAMBERT Jean, *Enrichir son vocabulaire Jeux et Leçons de Style*, Ellipse, 2012.

LE BRAS Florence, *Comment prendre des notes*, Marabout, 1992.

LESOT Adeline, *L'Essentiel : Tout en un sur la langue française*, Bescherelle, Hatier, 2018.

LESOT Adeline, *Le Vocabulaire pour tous*, Bescherelle, Hatier, 2013.

LESOT Adeline, *Mieux rédiger*, Bescherelle, Hatier, 2018.

MANDERA Valérie, *L'Art du mot juste*, Points, 2016.

NARJOUX Cécile, *La ponctuation : règles, exercices et corrigés*, Duculot, 2015.

PÉCHOIN D. et DAUPHIN B., *Grand dictionnaire des difficultés et pièges de la langue française*, Larousse, 2014.

PERROUSSEAUX Yves, *Manuel de typographie française élémentaire*, Atelier Perrousseaux, 2000, 5ᵉ éd.

PERROUSSEAUX Yves, *Règles de l'écriture typographique du français*, Atelier Perrousseaux, 2010.

PRIOUL Sylvie et HOUDART Olivier, *L'Art de la ponctuation*, Points, 2016.

RAULINE Laurence, *40 fiches & exercices pour enrichir son vocabulaire*, Ellipse, 2012.

RICHAUDEAU François, *La lisibilité*, Retz, 1979.

SOMMANT Line, *Êtes-vous sûr de savoir accorder les participes passés ?*, Larousse, 2019.

SOULIÉ Julien, *Le Petit livre du participe passé*, First, 2017.

THIRY Paul, DIDIER Jean-Jacques, *et al.*, *Vocabulaire français*, First, 2015.

THOMAS V., *Dictionnaire des difficultés de la langue française*, Larousse, 2014.

TIMBAL-DUCLAUX Louis, *La méthode SPRI*, Retz, 1993.

UELTSCHI Karin, *20 minutes de Vocabulaire par Jour*, Ellipse, 2016.

VIGNAL Léon, *Correspondance militaire et correspondance des militaires*, Lavauzelle, 1979.

WATTEL Béatrice, *Mille mots à connaître absolument*, Culture commune, 2013.

INDEX

Imprimé en Allemagne par BoD
Dépôt légal : septembre 2019